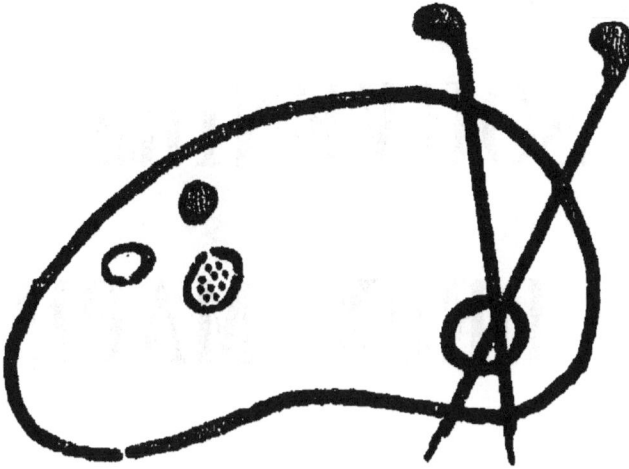

**Couvertures supérieure et intérieure
en couleur**

SOUVENIRS

DE DEUX MARINS

PAR L. LE SAINT

LIBRAIRIE DE J. LEFORT

IMPRIMEUR, ÉDITEUR

LILLE   PARIS

rue Charles de Muyssart, 24   rue des Saints-Pères, 30

SOUVENIRS

DE DEUX MARINS

In-8°, 4° série.

Entrée du général Montauban dans Pékin,
le 25 octobre 1860.

SOUVENIRS

DE DEUX MARINS

PAR L. LE SAINT

SEPTIÈME ÉDITION

———✦———

LIBRAIRIE DE J. LEFORT

IMPRIMEUR ÉDITEUR

LILLE | PARIS

rue Charles de Muyssart, 24 | rue des Saints-Pères, 30

SOUVENIRS

DE DEUX MARINS

CHAPITRE I

Brest. — Le Conquet.

La Bretagne est peut-être la seule de nos provinces qui ait conservé sans altération sensible les croyances, les mœurs, la langue, les coutumes des temps passés. Elle mérite, à cet égard, de fixer l'attention des touristes qui s'y donnent, chaque année, rendez-vous, pour en étudier les sites pittoresques. Le Finistère est

1*

comme un résumé complet de cette antique province; aussi attire-t-il particulièrement les étrangers par la fertilité de ses plaines comme par l'aridité de ses montagnes, par la grâce comme par la rudesse de ses paysages, par la variété de ses monuments, de ses types, de ses usages et de ses coutumes. On comprend que des artistes et beaucoup de ceux qui aiment à visiter les contrées dont l'aspect offre encore quelque chose de primitif, se rendent, l'été, dans cette partie de la France et en parcourent les côtes tourmentées par les flots. Il y a là, pour le peintre, des points de vue charmants; le poète y trouve des solitudes et des horizons comme il en a rêvé; l'homme, que des travaux sérieux ont retenu de longs mois dans son cabinet, y respire un air pur qui ranime ses forces épuisées par les veilles et la méditation.

Vers la fin du mois d'août 1863, M. et Mme de Kerdoret arrivèrent à Brest, avec leur fils Ludovic et leur neveu Horace de Closmadeuc, l'un et l'autre âgés d'environ douze ans. Les deux amis venaient d'obtenir de nombreuses couronnes, et une excursion en Bretagne était la récompense de leurs succès.

A peine installés à l'hôtel de Provence, les voyageurs voulurent voir ce que la ville offre de remarquable. Ils visitèrent successivement l'église Saint-Louis, la préfecture maritime, le jardin d'acclimatation, où ils admirèrent une très riche collection de coquillages et de plantes exotiques. Ils parcoururent ensuite le port, l'un des plus beaux de l'Europe; l'hôpital maritime, qui doit son nom à M. le duc de Clermont-Tonnerre. L'ancien bagne, la corderie, les forges excitèrent vivement leur intérêt. Comme tous ceux qui n'ont aucune idée d'un arsenal, ils considéraient d'un œil étonné les masses de canons et de boulets qui couvrent surtout les quais. Le château les intéressa aussi beaucoup. Construit sur un rocher, à l'entrée du port et de la rade, il est encore un type remarquable de l'architecture militaire du moyen âge, malgré les changements qu'il a subis, surtout depuis que Vauban fit raser les toits coniques du donjon et des tours, et y pratiqua des plates-formes pour y mettre de l'artillerie. Il a remplacé, au xiiiᵉ siècle, un *castellum*, bâti vraisemblablement sous les Romains.

Pour aller de Brest à Recouvrance, petite

ville située de l'autre côté du port, les deux
jeunes collégiens passèrent sur le pont tournant,
travail unique en son genre, et qui réunit, malgré
se proportions colossales, le triple mérite de la
solidité, de la légèreté et de l'élégance; ce pont
se compose de deux volées tournantes qui se
rejoignent au milieu du bassin, et dont le poids,
pour chacune, atteint le chiffre énorme de
750,000 kilogrammes. La construction de cette
œuvre audacieuse, qui a pour auteur l'ingénieur
Oudry, a coûté trois millions de francs.

En rentrant en ville, ils remarquèrent la promenade du cours d'Ajot, créée sur les remparts
et plantée en 1869 par M. d'Ajot, officier du
génie. Cette promenade, longue de 600 mètres,
domine la rade dans son immensité. De là, le
regard embrasse un panorama charmant. En
face, est la presqu'île de Crozon avec ses grottes
sans cesse battues par les vagues, refuge d'un
millier d'oiseaux; à droite, près du goulet, s'élève
le phare de Pozzic, dont les feux, le soir, pro-
jettent au loin une vive lumière; à gauche, se
dessinent les coteaux qui terminent la chaîne des
montagnes Noires. Tel est l'attrait que présente
cette vaste nappe d'eau, tantôt calme, tantôt

soulevée, avec les nombreux navires qui la sillonnent en tous sens, qu'on désire tous les jours jouir de sa vue; le paysage change d'aspect de minute en minute, et chaque fois qu'on revient, on saisit des détails qu'on n'avait point aperçus la veille. M. et Mme de Kerdoret ne furent pas moins émerveillés que les enfants de ce spectacle grandiose, et, pendant les quatre jours qu'ils demeurèrent à Brest, ils conduisirent bien souvent au cours d'Ajot Ludovic et Horace, qui auraient donné beaucoup pour posséder une maison sur la plage, au pied des remparts.

M. de Kerdoret était heureux de la joie de son fils et de son neveu. Persuadé qu'une promenade en mer serait tout à fait de leur goût, il les mena un matin sur le quai et loua un bateau. Les deux enfants s'élancèrent légèrement dans la barque, et, un instant, après, ils passèrent sous les canons du chateau qui commande l'entrée du port. La brise soufflait de terre. Le bateau arriva, au bout de quelques minutes, près d'un vaisseau mouillé à une demi-lieue de la côte.

« Mon père, demanda Ludovic, quel est donc ce grand navire où nous voyons une foule de jeunes gens, tous vêtus de toile? Il y en a parmi eux qui paraissent extrêmement jeunes.

— Mon ami, répondit M. de Kerdoret, c'est le vaisseau-école. Tu sais que les élèves qui se destinent à la marine, passent, après leurs examens, deux années à l'école d'application. C'est sur ce vaisseau qu'ils apprennent tout ce qui concerne leur carrière. Ils sont nommés, en sortant, aspirants de seconde classe, et attachés à l'un de nos cinq ports de guerre, d'où ils ne tardent pas à partir pour un voyage ordinairement très long. *Le Borda* est la pépinière où se recrutent ces vaillants et habiles officiers dont beaucoup ont su, en maintes circonstances, illustrer et faire respecter notre pavillon. Plusieurs des jeunes gens que tu vois, auront eux-mêmes, un jour, un nom glorieux, grâce à l'intelligence et au travail, qui leur ont valu d'être admis au vaisseau ; car tu n'ignores pas que si dix-huit cents candidats environ se présentent annuellement pour subir les épreuves, quarante ou cinquante, en temps ordinaire, ont le bonheur d'être reçus. »

Durant ce dialogue, le bateau, poussé par un vent rapide, s'était éloigné du *Borda*. M. de Kerdoret pria le pilote de le conduire au brick destiné à l'instruction des mousses. Le

batelier manœuvra en conséquence, et l'on se
dirigea vers le fond de la rade. On eut bientôt
rallié le brick. Pendant qu'on en faisait le tour,
M. de Kerdoret expliqua aux enfants le but de
cette nouvelle école. Un marin ne se forme pas
comme un soldat ; il faut, à bord des navires,
non seulement des matelots pour exécuter les
manœuvres, mais encore des hommes habitués à
certains travaux et capables de diriger les autres,
tels que des voiliers, des calfats, des charpentiers,
des maîtres-canonniers. Le brick des mousses
fournit, en partie, ces hommes spéciaux, qui sont
répartis entre les équipages ; il est donc encore
une pépinière très précieuse pour notre marine.

Il était cinq heures de l'après-midi quand les
jeunes visiteurs rentrèrent au port. Ils regagnèrent en toute hâte l'hôtel de Provence,
désireux de faire part de leurs impressions à
Mᵐᵉ de Kerdoret, pressés surtout de satisfaire
leur appétit que l'excursion dans la rade avait
plus que doublé. Il fut décidé à table qu'on
partirait le lendemain matin pour le Conquet,
où l'on devait prendre un logement pour plusieurs
semaines.

Les collégiens dormaient de ce sommeil profond que donnent, à douze ans, le grand air et la fatigue, quand ils furent réveillés en sursaut par le bruit de la sonnette placée dans leur chambre. Ils se levèrent et firent leurs préparatifs de départ. Une heure après, la famille de Kerdoret était sur la route du Conquet, admirant, au milieu d'une riche verdure, les villas dont les blanches murailles, éclairées par les premiers rayons du soleil, brillaient au loin, sur les coteaux et au fond des vallons.

Le paysage changea bientôt; on s'arrêta devant un marais encombré d'énormes pièces de bois. Ce lieu, c'était Penfeld, l'endroit où commence la rivière qui coule à Brest. Ces pièces de bois, enfoncées dans la vase, servent à la construction des navires de l'Etat. On prétend qu'ainsi recouvertes, chaque jour, par la mer, elles peuvent se conserver plus d'un siècle; elles acquièrent sous l'eau une dureté semblable à celle du fer.

Après avoir traversé Saint-Renan, petite ville fort ancienne qui ne renferme absolument rien d'important, les voyageurs prirent le chemin qui conduit à la côte. A mesure qu'ils avançaient, l'aspect du pays devenait moins riant,

la terre devenait moins bien cultivée ; un soleil
ardent avait desséché la verdure ; on n'apercevait plus aucun arbre, tant la tempête se dé-
chaîne avec violence dans ces champs sans abri.
Ils distinguaient enfin, dans l'éloignement, le
phare Saint-Matthieu, voisin de l'abbaye en
ruine qui porte ce nom ; le clocher de Lochrist, svelte et dentelé comme presque tous
ceux du Finistère, et des marais aux couleurs
vives tranchant sur l'azur du ciel et de l'Océan ;
ils allaient arriver au Conquet. Une demi-heure
après, la voiture s'arrêtait, en effet, devant
une auberge de modeste apparence, mais d'une
propreté irréprochable. La famille s'y établit
pour tout le temps que devait durer son séjour.

Le Conquet a beaucoup perdu de son impor-
tance d'autrefois. Quatre ou cinq rues mal
bâties, un port assez peu spacieux à l'entrée
duquel on remarque une antique chapelle, c'est
tout ce que les étrangers peuvent y visiter.
Mais, si l'on en croit les chroniques, et si
l'on en juge par la quantité considérable de
cailloux qu'on voit sur les champs, ce hameau
ne serait qu'un débris d'une cité dont les maisons couvraient jadis une lieue carrée de terrain.

Il fallut peu de temps aux voyageurs pour parcourir la triste et silencieuse bourgade. Après y avoir pris langue, ils s'acheminèrent vers le phare, en suivant les falaises à pic qui bordent le rivage. Les deux enfants éprouvèrent alors une de ces sensations confuses qu'on ne peut définir; ce n'était plus de l'admiration comme en présence de la rade de Brest, mais une sorte d'éblouissement. La vue de cette mer sans limites, racontant, selon l'expression de leur mère, les prodiges de la création, leur faisait mieux comprendre la toute-puissance divine. Combien ils se sentirent petits en face de l'infini! Ils aimaient à entendre le bruit sourd de la vague déferlant contre les récifs pour venir ensuite expirer à leurs pieds. Leurs regards se portaient sur les îles Ouessant et Bénégueste, sur l'île Molené, dont les habitants, comme on le leur avait dit, sont condamnés à vivre sur une terre ingrate, rendue stérile par l'âpreté du climat, et peuvent à peine fournir aux besoins de leurs familles, en suppléant à l'agriculture par le commerce des algues et du goémon.

« Mes enfants, dit M. de Kerdoret, vous

figurez-vous bien la position de ces infortunés ? La plupart d'entre eux ne sortiront jamais de cette île étroite et ignoreront toujours les merveilles de notre belle France ; leurs yeux ne mesureront d'autre horizon que celui des flots qui les emprisonnent et battent éternellement leurs rochers. Pauvres gens ! que leur existence est triste ! »

Puis, après un moment de réflexion, il ajouta :

« Ne les plaignons pas trop cependant ; ils ne peuvent désirer ce dont ils n'ont pas l'idée. Leurs jours s'écoulent, calmes et purs, loin du tumulte des passions qui nous agitent sur le continent. Rien ne manquerait à leurs vœux, si la nature, moins avare, leur donnait un peu du superflu dont abusent trop les hommes qui nagent dans l'opulence ; car telle est leur misère, que l'État est obligé de leur envoyer des vivres à certaines époques de l'année. J'espère bien, mes jeunes amis, que vous n'oublierez pas ces insulaires ; leur souvenir, quand vous vous sentirez portés à vous plaindre de votre sort, vous empêchera de vous montrer injustes envers la Providence. Le bonheur et le malheur sont relatifs : si nous regardons au-dessous de nous, nous ne nous trouverons jamais très malheureux. »

En parlant ainsi, M. de Kerdoret accéléra la marche des enfants vers la tour qui sert de guide aux navigateurs ; des nuages s'amoncelaient dans le ciel, et l'on pouvait craindre d'être surpris par l'orage. On arriva promptement aux ruines de cette abbaye, où, pendant tant de siècles, de vertueux cénobites invoquèrent, pour le marin égaré dans l'abîme, le secours du Très-Haut. La poésie de cette solitude produisit sur les voyageurs une impression profonde. Ils s'imaginaient entendre ces voix graves, se mêlant aux mille voix de la tempête et de la mer, quand, au coucher du soleil, les religieux entonnaient l'office du soir. Comme elle devait être grande, pensaient-ils, la ferveur de ces hommes, isolés sur une pointe déserte et rappelés sans cesse à la pensée de l'Éternel par la vue de l'immensité! Mais la journée s'avançait; ils furent forcés de mettre fin aux réflexions qui se présentaient en foule à leur esprit.

Le phare Saint-Matthieu s'élève tout près de l'abbaye. Cent vingt marches, d'un demi-pied chacune, conduisaient à la lanterne. Les visiteurs y montèrent, après avoir remis au gardien la permission délivrée par le commissaire de marine du Conquet, et inscrit, selon la coutume, leurs noms sur un registre. De cette hauteur, ils purent jouir d'un des plus beaux points de vue qu'on puisse imaginer. A droite, se profilaient avec netteté les îles qu'ils avaient aperçues en venant ; à gauche, c'était la rade de Brest, et par delà, le raz de Sein, si difficile pour les pilotes, puis l'entrée de la baie de Douarnenez ; en face, l'Océan diapré de voiles blanches.

Pendant qu'ils considéraient avec ravissement ce magnifique tableau, le gardien, vieillard de plus de soixante ans, leur indiquait de la main la direction dans laquelle, tout enfant, il avait entendu retentir le canon anglais. Horace et Ludovic se plaisaient à l'écouter ; ils l'excitaient à rappeler les souvenirs de cette époque terrible où l'habitant de ces contrées, aujourd'hui si pacifiques, avait à craindre à tout moment une descente de l'ennemi. Sa parôle, son geste, toute sa personne portait le cachet de l'homme accoutumé à vivre dans l'isolement le plus complet durant la moitié de l'année. Les deux enfants mouraient d'envie de l'interroger sur son passé; ils devinaient que le vieux marin avait dû assister à plus d'un combat dont le récit eût eu pour eux un bien grand intérêt. Mais l'heure du dîner approchait, l'orage devenait de plus en plus menaçant. M. de Kerdoret les invita à descendre.

Au moment où ils sortaient du phare, un monsieur les rencontra. C'était un homme d'un âge avancé, dont la mise et la décoration annonçaient un officier en retraite. Il s'inclina très poliment devant les étrangers, et, avec la familiarité du Breton et du marin, il demanda aux enfants si leur visite au phare les avait satisfaits. La conversation s'engagea. M. de Kerdoret apprit bientôt que M. Letroadec avait servi dans la marine jusqu'à l'âge de soixante ans, puis qu'il était venu habiter une petite maison entre le Conquet et le phare. En officier français, le vieux marin ajouta qu'il serait très heureux de piloter dans les environs, pendant leur séjour sur la côte, les deux petits garçons, à qui il raconterait les différentes phases de sa carrière.

M. et Mme de Kerdoret acceptèrent avec reconnaissance une offre si agréable et faite de si bonne grâce.

On était arrivé près du chemin qui menait à l'habitation de M. Letroadec; on se salua de part et d'autre, et on se sépara.

CHAPITRE II

Enfance de M. Letroadec. — Combat du Ferrol. — Combat de Trafalgar.

Une circonstance inattendue empêcha pendant plusieurs jours Horace et Ludovic d'aller voir M. Letroadec. M. de Kerdoret, rappelé brusquement à Paris pour des affaires urgentes, avait été contraint de laisser sa femme au Conquet, et il lui avait expressément recommandé de ne pas permettre aux enfants de courir seuls dans la campagne : un accident est si vite arrivé à la mer.

Mme de Kerdoret avait bien eu l'idée de les conduire elle-même chez le vieil officier ; mais sa santé était très délicate, et elle trouvait la course un peu longue. D'ailleurs, le temps était très beau, et elle tenait à ce qu'on en profitât pour prendre des bains.

Une semaine s'écoula sans qu'il fût question de la visite projetée; mais, le dimanche suivant, M. Letroadec vint au Conquet; il s'informa de la demeure des étrangers et se présenta chez Mme de Kerdoret. Il sut si bien plaider la cause de ses petits amis, qu'il finit par triompher des craintes maternelles et qu'il les emmena. Ce ne fut pas toutefois sans avoir bien promis de ne pas les perdre de vue et de les reconduire jusqu'à une certaine distance de la maison.

Chemin faisant, le vieux marin se fit un plaisir de répondre aux mille et une questions que lui adressaient les deux cousins; il leur donna toutes les explications possibles sur la construction des navires, les marées, la pêche, l'usage de la boussole, etc. Ils arrivèrent ainsi, sans s'en apercevoir, à la maison blanche que l'ex-officier s'était fait construire à deux cents pas des falaises.

« Voilà mon ermitage, dit M. Letroadec en approchant de sa petite villa. J'ai voulu le bâtir en cet endroit, afin d'avoir sous mes yeux jusqu'à ma mort la vue de la mer. Et cependant tout n'a pas été joie dans ma vie de marin! Mais, voyez-vous, plus l'homme a été malheureux, plus il semble s'attacher aux lieux où il a souffert. Ainsi le veut la Providence, et ainsi s'explique l'amour que ressentent les sauvages des contrées les plus affreuses pour le sol où ils ont vécu. »

En prononçant ces mots, le vieillard s'était assis sur un banc placé à la porte de la maison, et avait invité d'un geste les enfants à faire comme lui.

« Monsieur, votre conversation est très instructive, dit tout à coup Horace; mais nous voudrions surtout vous entendre parler de vos voyages et de vos expéditions. Nous serions si heureux, au collège, de pouvoir les raconter, à notre tour, à nos camarades ! Beaucoup d'entre eux n'ont jamais vu la mer et ne la connaissent que par les livres.

— Vous dire ma vie entière serait peut-être un peu long, répondit M. Letroadec. Mais puisque vous paraissez tenir à la connaître, je tâcherai de me rappeler certaines circonstances qui m'ont plus frappé que le reste, et je ferai de mon mieux pour vous intéresser. Nous autres, vieillards, nous aimons à parler du passé; d'ailleurs, quand on est, comme moi, seul d'un bout à l'autre de l'année, on ne demande pas mieux que de rencontrer quelqu'un avec qui l'on puisse échanger ses pensées. »

Le vieillard alluma sa pipe, et commença son histoire en ces termes :

« Comme vous le voyez, mes enfants, je ne suis plus jeune; à la Saint-Michel prochaine, j'aurai atteint mes soixante-six ans. Mon père habitait le village de Lochrist, que nous avons traversé en venant du Conquet, et il y exerçait la profession de pêcheur. Quant à ma mère, elle s'occupait du ménage, remaillait les filets rompus et allait vendre le poisson à Brest. Les temps étaient très durs alors; les pauvres gens comme nous avaient de la peine à vivre : heureux quand il y avait sur la planche un gros pain d'orge pour le lendemain!

» Mon père était déjà âgé lorsque je vins au monde. Ce n'est qu'au retour de l'expédition d'Amérique, où il avait été blessé grièvement, qu'il s'était décidé à s'établir sur cette côte. Il s'était marié peu de mois après son arrivée, et, incapable de reprendre le service, il avait acheté, de ses économies, un bateau, et s'était mis à pêcher.

» Malgré notre pauvreté, le bonheur n'avait pas fui de la chaumière. Quand le soir, les deux époux calculaient, à la lueur du foyer, les profits de la journée, un rayon de joie éclairait leur visage hâlé, et ils remerciaient Dieu avec reconnaissance d'avoir béni leur travail. Mais, hélas ! tous les jours ne se ressemblaient pas. Le poisson n'abondait pas continuellement, et puis la tempête retenait quelquefois loin du rivage la barque, qui ne rentrait que bien avant dans la nuit. Je me souviens encore de l'inquiétude affreuse que ces retards causaient à ma pauvre mère. En entendant le bruit de la vague déferlant contre les falaises, elle s'agenouillait pieusement sur la pierre du foyer et invoquait l'appui du Ciel pour son mari ; elle ne se couchait point que le pêcheur ne fût rentré et n'eût pris son repas.

» Quand j'eus dix ans, mon père trouva que j'étais assez fort pour l'accompagner dans ses courses sur l'eau ; il pensait qu'il était temps de m'accoutumer à la fatigue, afin que je puisse bientôt moi-même gagner ma vie ; mais le curé de la paroisse, qui m'avait pris en affection, et qui aimait beaucoup mes honnêtes parents, l'engagea à ne pas négliger, tout en me formant à la navigation, de me faire donner quelque instruction. Il savait que nous n'étions pas riches, et s'offrit d'être mon maître. Chaque matin, je me rendais au presbytère et je recevais du bon prêtre une leçon. J'appris d'abord à lire, à écrire et à calculer ; ensuite, comme je montrais du goût et une certaine aptitude pour l'étude, j'étudiai la grammaire et j'essayai des devoirs latins. Tout cela ne m'empêchait pas de m'embarquer très souvent avec mon père, qui me façonnait vite à son métier. Au bout de quelques mois, je savais manier la rame, jeter les filets et gouverner un bateau. Ce fut un grand bonheur pour ma mère et pour moi. Mon père tomba dangereusement malade, et mourut après une semaine de souffrances : le travail l'avait tué. »

M. Letroadec se tut quelques instants. Les yeux abaissés vers la terre, il paraissait plongé dans ses souvenirs. Il reprit bientôt :

« J'avais seize ans ; je résolus de rester auprès de ma mère, dont j'étais désormais le seul soutien, et j'essayai, par mes soins, de calmer la douleur qu'elle ressentait de cette perte cruelle. Mais il est des chagrins que rien ne peut soulager ; celui de la pauvre veuve était trop profond pour ne pas devenir mortel. Il lui était impossible d'oublier le passé, et elle ne pouvait envisager sans frayeur l'avenir. Tôt ou tard je serais appelé à servir sur les vaisseaux de l'Etat, je partirais pour des contrées lointaines d'où je ne reviendrais peut-être pas, ou bien encore je périrais atteint d'un boulet ennemi, et elle se verrait réduite, dans sa vieillesse, à la misère et à l'abandon. Cette pensée occupait sans cesse son esprit et altérait de plus en plus sa santé; elle dépérissait à vue d'œil.

» Un matin, la voyant plus abattue encore que d'ordinaire, je ne pus m'empêcher de verser des larmes. Ma mère s'en aperçut, malgré mes efforts pour les dissimuler.

» Yves, me dit-elle d'une voix douce et faible, pourquoi pleures-tu ainsi ?

— Ma mère, répondis-je en sanglotant, ma bonne mère, votre douleur me fait tant de peine! On vous a dit que le gouvernement allait faire une levée de marins; l'idée de notre séparation vous tourmente, vous vous dites qu'il vous sera impossible de vivre sans moi. Eh bien, laissez-moi libre d'agir, et je ne vous quitterai pas.

— Quel est ton projet? reprit-elle en fixant ses yeux sur les miens comme pour deviner mes intentions.

— L'Etat, répondis-je, ne peut enrôler pour le service des hommes infirmes. Il me sera facile.... »

» L'expression sévère que prit soudain son visage m'empêcha de continuer; elle avait tout compris.

« Mon fils, me dit-elle d'un ton grave, ce que tu proposes est une lâcheté, et tout le monde te dira qu'il n'y a jamais eu de lâche dans la famille des Letroadec. Ton grand-père mourut dans une bataille, ton père fut blessé sur la frégate où ses chefs l'avaient placé, tu ne voudrais pas nous déshonorer en refusant de t'embarquer quand le moment sera venu. Je sais que c'est ton cœur qui t'égare ; aussi je te pardonne et je te remercie. Mais vois-tu, mon enfant, il faut chasser bien loin des pensées comme celle-là ; le devoir avant tout. Tu partiras, comme les autres, avec courage, et moi je prierai le Ciel pour toi. Le bon Dieu, j'en suis certaine, écoutera mes prières, et il te ramènera à Lochrist. Allons, ne parlons plus de cela. Embrasse-moi et va à ton ouvrage. Le vent se lève, la mer est belle.... Bonne pêche, et au revoir. »

» A partir de ce jour, je tâchai de paraître gai, et j'eus l'air de ne point remarquer les progrès du mal. La maladie arriva à un point où les secours de la médecine devinrent impuissants. Il n'y avait pas encore un an que j'avais perdu mon père, lorsque ma mère me fut aussi enlevée.

» Nous étions en 1804. Le premier consul avait été proclamé empereur et poursuivait sans relâche ses projets de guerre contre le plus redoutable ennemi de la France. Des armements considérables se préparaient dans les trois ports de Brest, Rochefort et Toulon. Je fus appelé comme tous les marins disponibles, et embarqué à Brest, sur une goëlette qui mit à la voile pour Toulon. Là, je demandai et j'obtins de faire partie de l'équipage du vaisseau *le Neptune*, commandé par le brave capitaine Cosmao, que mon père avait connu. Ce navire faisait partie de l'escadre qui se formait dans ce port, sous les ordres de l'amiral Villeneuve. C'est à cette circonstance que je dus d'assister au trop fameux combat de Trafalgar.

» L'empereur avait résolu d'opérer une des-

cents en Angleterre : une armée de deux cent
mille hommes, réunie au camp de Boulogne, n'attendait qu'un signal pour l'exécuter. Mais l'Angleterre était parfaitement gardée par ses flottes; il
était donc nécessaire de détourner son attention
et d'appeler sur un autre point une partie de ses
forces, en inquiétant, par exemple, ses colonies
d'Amérique. Les trois escadres devaient sortir
des ports que j'ai dits, aller se montrer aux
Antilles, s'y réunir, puis rentrer ensemble dans
la Manche afin de protéger la descente. L'Espagne
et la Hollande s'engageaient à nous fournir des
bâtiments de guerre, avec lesquels la force de
notre flotte de haut bord se trouverait portée à
soixante-dix-sept vaisseaux de ligne. Les Anglais
ne nous auraient guère été supérieurs en nombre :
ils n'en comptaient que quatre-vingt-neuf. Mais
c'étaient des navires admirablement armés, équipés,
expérimentés; il leur était facile d'en élever le
nombre à cent.

» L'amiral Missiessy partit de Rochefort, dans
le mois de janvier 1805, pour aller dévaster les
Antilles anglaises. A la fin de mars, l'amiral Villeneuve sortit à son tour de Toulon, et prit le
chemin de l'Amérique, après avoir rallié la divi-

sion espagnole. Mais l'amiral Genteaumo était toujours retenu par les vents sur la rade de Brest, non loin de laquelle stationnaient une douzaine de vaisseaux anglais. Il sortait du goulet et rentrait, allait mouiller à Bertheaume (vous voyez presque d'ici le fort de ce nom), puis revenait au mouillage intérieur, se désolant de ne pouvoir gagner la pleine mer sans livrer bataille, ce qui lui était expressément défendu.

» Napoléon, informé de ce contre-temps, fit parvenir à l'amiral Villeneuve l'ordre de revenir en Europe. L'amiral Missiessy était déjà de retour à Rochefort, où il s'était démis de son commandement. Son successeur dut se porter à la rencontre de l'amiral Villeneuve dans les environs du Ferrol. »

Horace interrompit en ce moment l'ancien officier. « Monsieur, lui-dit-il, permettez-moi de vous dire une chose qui m'étonne beaucoup.

— Parlez, mon jeune ami, répliqua M. Letroadec.

— Je ne peux pas comprendre comment vous vous rappelez d'une manière aussi précise les dates, les noms des personnages et jusqu'aux moindres détails des événements que vous racontez. Vraiment nous croirions entendre notre professeur d'histoire.

— Il ne faut pas cependant que cela vous étonne, reprit le vieux marin. Si je me souviens facilement, c'est que j'aime à relire souvent les faits qui s'accomplirent à cette époque et auxquels je pris part plus d'une fois.... Le capitaine Cosmao n'était pas homme à rester en arrière lorsqu'il s'agissait de lâcher une bordée à un navire anglais. Nous nous battions comme des lions sous son commandement, et il recherchait volontiers les occasions de montrer son énergie et son talent. Mais où en étais-je de mon récit ?

— Vous alliez revenir avec l'escadre sur les côtes d'Espagne, répondirent ensemble les deux enfants.

— C'est juste. Je vous disais que l'escadre de Rochefort était allée au-devant de la nôtre dans le voisinage du Ferrol. Malheureusement pour nous, les Anglais avaient été informés du plan de l'empereur, et, quand nous arrivâmes dans ces parages, après avoir dévasté plusieurs Antilles, nous aperçûmes vingt-un navires de guerre qui nous barraient le passage. Il fallut accepter le combat. Le 22 juillet, à une heure de l'après-midi, les deux divisions étaient aux prises. Une brume épaisse enveloppait les bâtiments et empêchait de voir un autre vaisseau que celui qu'on avait devant soi. Pendant cinq heures, la canonnade fut extrêmement vive des deux côtés. A la nuit, les Anglais se retirèrent, traînant à la remorque deux de leurs vaisseaux très endommagés par le feu. Quant à nous, nous avions peu souffert, et nous étions tous prêts à recommencer le combat. Nous sûmes, au point du jour, que l'ennemi emmenait deux navires espagnols; un cri d'indignation s'éleva alors parmi les équipages, et, de toutes parts, on demanda à poursuivre les Anglais. L'amiral y consentit; mais le vent leur était favorable, et il nous fut impossible de les atteindre. Nous mouillâmes devant le Ferrol le 2 août; le 10, nous levâmes l'ancre. L'amiral avait l'ordre de rejoindre l'escadre de Brest et d'entrer avec elle dans la Manche; la crainte de rencontrer Nelson lui fit prendre la direction de Cadix. Ce fut la frayeur de notre commandant qui sauva, on peut le dire, l'Angleterre. La descente projetée ne put s'opérer, et Napoléon songea à se précipiter sur l'Allemagne.

» Cependant notre marine ne pouvait rester

inactive. L'amiral avait été averti du mécontente-
ment de l'empereur ; il résolut d'appareiller au
premier vent d'est qui lui permettrait de mettre
ses vaisseaux hors de rade et de se mesurer avec
Nelson. Celui-ci avait appris le retour de notre
escadre vers l'extrémité de l'Espagne, et il avait
fait voile vers Cadix. Nous sortîmes de la rade le
20 octobre (28 vendémiaire, comme on disait
alors). Nous comptions, je crois, trente-trois
vaisseaux, cinq frégates et deux bricks, y compris
les bâtiments espagnols. Le soir, le branle-bas de
combat fut fait sur tous les navires. Dès qu'il fit
jour, nous aperçûmes l'ennemi ; il se dirigeait sur
nous, partagé en trois groupes. A onze heures, il
nous avait rejoints. Il n'avait que 27 vaisseaux ;
mais il possédait autant de bouches à feu que
nous, et dès lors une force égale. Les Anglais
avaient pour eux l'expérience de la mer et l'a-
vantage du vent ; nous avions la résolution de
lutter jusqu'à la mort. La victoire devait être
chaudement disputée.

» On était arrivé à portée de canon. L'une des
colonnes ennemies atteignit notre ligne, et le feu
commença. Les deux escadres disparurent bientôt
dans un nuage de fumée, d'où s'échappaient des

détonations épouvantables, et autour duquel flottaient des débris de mâtures et des cadavres mu-
tilés. C'était quelque chose d'affreux. Vous lirez
vous-mêmes quelque jour, mes enfants, les détails de
ce combat, qui fut si funeste à notre marine, mais où
pas un Français ne manqua à son devoir. Pour moi,
je ne puis guère vous parler que de ce que j'ai vu ou
des circonstances les plus importantes. L'amiral
Nelson fut tué sur son banc de quart; une balle,
partie des hunes du vaisseau *le Redoutable*, vint
le frapper à l'épaule gauche et se fixer dans les
reins. On l'emporta presque sans connaissance
dans la pièce destinée aux blessés; il y expira peu
d'heures après.

» Le sort de l'amiral Villeneuve fut encore
plus triste. Après avoir soutenu sur le *Bucentaure*
une lutte désespérée contre plusieurs vaisseaux
anglais, voyant son navire rasé comme un ponton,
il voulut se jeter dans un canot et se transporter
à l'avant-garde pour l'amener lui-même au combat.
Mais les canots placés sur le pont du *Bucentaure*
avaient été écrasés par la chute des mâts. Aucune
frégate n'osait ou ne pouvait venir prendre l'a-
miral. Il ne lui restait plus qu'à mourir, et il en
forma plusieurs fois le vœu. *Le Bucentaure*, privé

de ses mâts et criblé de boulets, ne tirait plus un seul coup de canon ; ses batteries étaient démontées ou obstruées par les débris de gréements. A quatre heures un quart aucun secours n'arrivait ; l'amiral, la rage dans le cœur, fut contraint d'amener son pavillon. Une chaloupe anglaise vint le chercher et l'emmena à bord du vaisseau *le Mars*.

» Le combat se prolongea encore plus d'une heure, avec un acharnement dont on se fait difficilement une idée si l'on n'a pas assisté à ces sortes de duels entre deux vaisseaux. Il n'y avait plus de ligne de bataille. Chaque navire s'attachait aux flanc d'un navire ennemi et ne l'abandonnait que quand lui-même était réduit par un autre à l'impuissance de se défendre. *Le Pluton*, sur lequel j'étais embarqué, comme je vous l'ai dit, se fit remarquer, entre tous, par son habile et brillante conduite. Il cribla de coups *le Mars*, lui coupa deux mâts et le mit dans l'impossibilité de manœuvrer ; mais ce ne fut pas sans qu'il lui en coûtât cher : il perdit plusieurs officiers et beaucoup de matelots. Je fus blessé moi-même dans cette affaire, ce qui me valut un peu plus tard, mon peu d'instruction aidant, le grade d'enseigne, pour lequel le capitaine Cosmao me proposa à la première occasion.

» A cinq heures du soir, tout était fini. Dix-sept vaisseaux français et espagnols étaient devenus prisonniers des Anglais. Un seul avait sauté. Nous avions perdu six à sept mille hommes. Ce triomphe avait été chèrement acheté par l'ennemi. Presque tous ses navires étaient démâtés, et quelques-uns mis hors de service pour toujours. Il avait à regretter un grand nombre de ses marins, et surtout l'illustre Nelson, qui valait une armée. Comme le dit un de nos écrivains les plus éminents, si les Anglais montrèrent de l'habileté et de l'expérience, nous eûmes la gloire d'une défaite héroïque sans égale dans l'histoire.

» La nuit, s'éleva une tempête qui changea la position des équipages et des navires capturés. La plupart de ces navires parvinrent à échapper à ceux qui les remorquaient; mais, hélas! plusieurs sombrèrent, incapables de gouverner, et se brisèrent sur les récifs qui avoisinent le cap Trafalgar. Le capitaine Cosmao voulut achever l'œuvre de la tempête. Voyant que les vaisseaux ennemis, contrariés par les vents, ne pouvaient gagner le

Gibraltar, il sortit de Cadix avec une petite division qui s'était réfugiée dans ce port, et s'approcha de la flotte anglaise. L'amiral Collingkod lâcha ses prises afin de soutenir plus aisément l'attaque. Nos frégates profitèrent de cette circonstance pour saisir et remorquer deux vaisseaux espagnols, et nous rentrâmes avec eux à Cadix. L'amiral anglais, craignant d'être poursuivi, en brûla lui-même cinq; deux autres lui échappèrent encore pendant la nuit, en sorte qu'il arriva à Gibraltar, emmenant seulement quatre prises sur dix-sept, dont une française et trois espagnoles.

» Telle fut, mes enfants, la bataille de Trafalgar. L'Europe entière rendit justice au courage malheureux. L'énergie dont avaient fait preuve nos marins, surtout ceux qui montaient *le Redoutable*, *l'Algésiras*, *l'Achille*, *le Pluton*, montrait ce qu'auraient pu faire des hommes éprouvés à la mer et formés par des croisières fréquentes. Mais il est temps d'en finir avec ces souvenirs douloureux. Un autre jour vous reviendrez me voir, et, si cela vous intéresse, je vous dirai ce que je devins ensuite.

— Oh! merci, Monsieur, répondit Ludovic.

Nous profiterons avec le plus grand plaisir de votre complaisance , et nous vous en serons bien reconnaissants. »

A ces mots, les deux cousins prirent congé du vieillard et s'en retournèrent au Conquet.

CHAPITRE III

Brûlots anglais à Rochefort.
Expédition d'Alger.

Les deux enfants avaient écouté avec trop d'intérêt le récit de l'ancien officier pour ne point désirer vivement entendre la suite de son histoire. Deux jours après, ils obtinrent de Mme de Kerdoret la permission d'aller de nouveau le trouver. M. Letroadec les accueillit avec un sourire de bonté, et, devinant leur pensée, il se prépara à remplir son rôle de narrateur. Le temps continuait d'être fort beau ; il s'assit entre eux sur le banc que nous connaissons, à la porte de sa demeure, et alluma, selon son habitude, sa pipe qui ne le quittait jamais. La manière dont il s'y prit étonna quelque peu les enfants. Au lieu de se servir d'une allumette, il tira de sa poche un petit baril et un briquet. Il ouvrit le baril, et, tenant au-dessus avec le pouce un morceau de silex, il battit du briquet la pierre à fusil. Des étincelles en jaillirent et tombèrent dans le baril, au fond duquel elles mirent le feu à de petits morceaux de bois mort. Le vieux marin coiffant ensuite sa pipe de cette sorte de chapeau, la fumée s'en échappa immédiatement. Puis, il referma soigneu-sement le petit baril, et, en aspirant de fortes bouffées, il reprit le récit de l'avant-veille.

« J'avais reçu, vous ai-je dit, à Trafalgar une blessure qui nécessita mon entrée à l'hôpital de Cadix. J'y restai plusieurs mois. A ma sortie, j'obtins un congé de convalescence, et je revins à Brest, sur une frégate envoyée en mission dans ce port. Je n'avais plus de parents à Lochrist ; j'allai demander l'hospitalité à un oncle qui habitait Plougastel, presque sur les bords de la rade. Le brave homme n'était pas riche, il vivait avec beau-coup d'économie des produits d'une petite terre qu'il avait affermée. Il ne m'en reçut pas moins, ainsi que sa femme, avec cordialité, et tous deux insistèrent pour que je passasse chez eux le temps de mon congé. Je n'eus garde de refuser cette offre faite de si bon cœur, et je m'installai sans façon chez mes parents. Pour me distraire, et aussi pour me rendre utile, je me procurai des filets, et, presque tous les soirs, j'apportais à la maison quelques beaux poissons pour le lendemain.

» Deux années s'écoulèrent ainsi. J'aimais cette existence paisible ; j'aurais voulu, je crois, qu'elle se prolongeât éternellement. Il est si doux de se sentir aimé sincèrement, d'oublier au foyer de la famille les agitations de la vie militaire, les dangers de la navigation et des combats ! Mais il y a une fin à tout en ce monde. Le jour arriva où il fallut quitter mes filets et dire adieux à mes vieux amis. Au mois de juillet 1807, je fus rappelé à Brest. L'empereur avait des vues sur la Méditerranée, dont la possession devait le dédommager de la perte de l'Océan. On pressait dans tous les ports la construction de nombreux navires, destinés à seconder les projets de Napoléon contre la Sardaigne, la Sicile et les îles Ioniennes. Mais les affaires avaient changé de face ; les Espagnols, devenus nos ennemis, attaquèrent, sur ces entrefaites, notre flotte laissée dans le port de Cadix, et forcèrent l'amiral

Rosily, qui ne put soutenir à temps le général Dupont, à amener son pavillon. Nos marins furent constitués prisonniers de ceux qui les avaient si mal secondés à Trafalgar. Les Espagnols leur faisaient payer l'envahissement de leur pays. Cette nouvelle, vous le comprenez, produisit à Brest, comme partout, une impression profonde. Nous aurions voulu pouvoir venger nos camarades sur les Anglais, à qui nous devions le nouveau malheur de Cadix.

» Arriva le printemps de l'année 1809. L'empereur n'ignorait pas que l'Angleterre songeait à attaquer plusieurs points de notre littoral, et surtout Rochefort et Anvers. Rien ne fut négligé pour mettre les côtes à l'abri de ces attaques. Je fus embarqué, en qualité d'enseigne, sur une frégate qui alla rejoindre l'escadre réunie à l'île d'Aix, sous les ordres de l'amiral Allemand. Les Anglais, décidés à détruire nos vaisseaux sur rade, n'avaient pas hésité à sacrifier trente navires, qu'ils avaient transformés en brûlots, et ils se préparaient à mettre à exécution ce projet sans exemple dans les annales de la marine. Notre amiral prit toutes les dispositions pour éviter cette catastrophe. Dans la nuit du 11 au 13 avril, nous les vîmes s'avancer en plusieurs divisions avec l'intention manifeste d'envelopper notre escadre. Ils lancèrent bientôt à la fois trente brûlots. Ce fut un spectacle épouvantable. Chaque capitaine, pour sauver son navire, dut rompre ses cadres et aller s'échouer à la côte : de cette manière, les trente brûlots sautèrent inutilement. Malheureusement, quatre de ceux qui avaient échoué sur les rochers, à l'entrée de la Charente, et dont les officiers avaient, par précaution, jeté les poudres à la mer, de peur d'explosion, furent attaqués par les Anglais, qui y mirent le feu. Les autres remontèrent la rivière et furent désarmés. Les Anglais, furieux de n'avoir pas réussi, préparèrent une autre expédition contre Anvers. Je ne fis point partie des hommes qui furent envoyés pour les combattre. Ma santé n'était pas bonne, et je restai attaché au port de Rochefort jusqu'en 1830. C'est à cette époque, vous le savez, que commença la guerre d'Afrique. Notre marine avait pris depuis quinze à dix-huit ans un développement considérable; elle avait figuré avec le plus grand honneur au combat de Navarin : on avait le droit de compter sur elle dans cette circonstance. Mais son rôle ne pouvait être et ne fut que secondaire. Deux ou trois combats, livrés par notre armée contre les Arabes et les Turcs, suffirent pour mettre en notre puissance la ville qui était devenue depuis si longtemps un repaire de forbans.

— M. Letroadec, interrompit Horace, vous seriez bien aimable de nous faire connaître la cause de cette guerre. J'ai entendu vaguement parler d'un coup d'éventail donné par le dey d'Alger à notre consul ; mais je ne sais rien autre chose à ce sujet.

— Mon ami, repartit l'ancien officier, je me ferai un plaisir de satisfaire votre désir. Autant, ajouta-t-il, je déteste les bavards qui me fatiguent de leurs questions sans me laisser le temps de me répondre, autant j'aime à donner des explications utiles sur les événements que je connais, quand je trouve des auditeurs attentifs et intelligents comme vous l'êtes tous les deux. Voici donc qu'elle fut l'occasion qui amena la prise d'Alger.

» Depuis bien des années, cette ville était le refuge de nombreux corsaires qui capturaient les navires du commerce et vendaient comme esclaves les hommes des équipages. La France, l'Amérique, l'Angleterre avaient dû successivement faire la guerre au dey qui autorisait la piraterie, et lui imposer des traités qu'il n'observait jamais scrupuleusement. A l'arrivée de Hussein au pouvoir, l'audace des forbans, surtout à l'égard des navires français, devint excessif. Un de nos bricks fut pillé par les habitants de Bone; notre établissement de la Calle fut dévasté. Le dey porta à deux cent mille francs la redevance de soixante mille que nous payons pour la pêche du corail; il laissa violer le domicile de notre agent à Bone et refusa d'accorder la moindre répararation pour les navires capturés. Une circonstance ne tarda pas à venir précipiter sa chute et à nous donner nos belles colonies d'Afrique.

» Il était dû par la France, à la maison Barri d'Alger, une somme de sept cent mille francs pour des fournitures de grains faites pendant la république. Mais comme cette maison avait des créanciers en France, le gouvernement attendait pour payer que les tribunaux eussent jugé l'affaire. Hussein, créancier lui-même de la maison Barri, voulait que cet argent fût remis entre ses mains, et écrivit directement à ce

sujet au roi Charles X. Le roi ne crut pas
devoir lui répondre. Le 30 avril 1829, veille
de la fête du Beyram, M. Deval, notre consul, alla complimenter le dey selon son usage.
Hussein lui demanda s'il avait reçu une lettre
du roi pour lui; et, sur sa réponse négative,
il le frappa publiquement au visage de son
éventail de plumes de paon. Le consul lui fit
observer que c'était à la France que s'adressait
cette insulte. Mais le dey, au lieu de se calmer et
de réfléchir aux conséquences qu'aurait sa conduite,
ordonna insolemment à M. Deval de quitter la
salle d'audience.

» Je n'ai pas besoin de vous dire, mes enfants,
l'impression que produisit en France la nouvelle
d'un pareil outrage. Le gouvernement rappela
son représentant. M. Deval et tous nos compatriotes résidant à Alger s'embarquèrent, le 15,
sur la goélette *la Torche*. L'établissement de
la Calle fut évacué; une escadre de quinze
bâtiments commença le blocus de la ville et des
côtes. Le vaisseau *la Provence* fut chargé d'aller
porter au dey des conditions de paix; mais
Hussein les rejeta, et bien plus, sans aucun
respect pour le drapeau parlementaire, il donna

l'ordre au commandant des batteries du port de canonner le vaisseau au moment où il se retirait. Le cœur de nos marins fut profondément blessé de cet acte de lâche agression. Il fallait une vengeance éclatante.

» Une armée de trente-cinq mille hommes fut organisée sans retard, et placée sous les ordres du comte de Bourmont, ministre de la guerre ; le vice-amiral Duperré reçut le commandement de la flotte. Le 30 avril 1830, un an, jour pour jour, après l'insulte faite à notre consul, les troupes étaient réunies à Toulon et dans les campements voisins, et on les exerçait aux manœuvres nécessaires pour une guerre dans un pays où l'on ne combattait pas à l'européenne. Le 11 mai, la flotte était mouillée sous le port, prête à appareiller. Les populations du Midi témoignaient le plus grand enthousiasme ; on allait voir refleurir dans la Méditerranée le commerce, auquel la piraterie, organisée par le dey, était si funeste depuis longtemps.

» L'amiral Duperré s'attendait à rencontrer de grands obstacles pour le débarquement ; il prit ses mesures en conséquence. Les navires de guerre formeraient les trois escadres de bataille, de débarquement et de réserve. On désigna sous le nom de convoi les bâtiments de commerce affectés aux vivres ; la flotille devait effectuer le transport des soldats.

» Le 17, toutes les troupes étaient embarquées ; mais des vents contraires s'opposèrent pendant huit jours au départ. Enfin , la flotte mit à la voile le 25, dans l'après-midi. Le 30 au soir, on n'était plus qu'à quelques lieues d'Alger, quand le temps contraignit l'amiral d'aller relâcher à Palma. Nous y restâmes jusqu'au 10 juin, faute de vent : je dis nous, car j'avais saisi avec bonheur l'occasion de rentrer dans le service actif, et j'étais sur une des frégates de la flotte. Le 14, à trois heures du matin, nous étions en vue de la pointe de Sidy-Ferruch. Le débarquement s'opéra avec une promptitude admirable, et le drapeau français fut planté, après une lutte de quelques heures, sur ces rivages où devaient flotter désormais nos couleurs.

» Le 18, le général en chef apprit que les Turcs devaient nous attaquer le lendemain. Cette nouvelle était fondée. Le 19, au soleil levant, l'ennemi se précipita sur nos avant-postes et soutint un combat des plus meurtriers. Mais bientôt nos troupes s'élancèrent hors de leurs retranchements et les mirent en déroute en un clin d'œil. Une série d'engagements dans lesquels ils furent constamment victorieux, conduisirent, les jours suivants, nos valeureux soldats jusque sur les hauteurs de Boujaréah, qui dominent Alger et la mer. A la vue de la ville, l'armée entière poussa un cri d'espérance et d'admiration. Le général sut tirer parti de l'élan des hommes et donna l'ordre d'assiéger immédiatement le fort l'Empereur, en avant de la place. Les opérations furent poussées avec vigueur et intelligence. Le 4 juillet, une explosion formidable se fit entendre; les défenseurs du fort venaient de faire sauter la grosse tour et étaient rentrés dans Alger. Hussein ne pouvait contenir sa colère; il ne parlait de rien moins que de s'ensevelir sous les ruines de la ville. La milice s'opposa à son dessein et le décida à demander une capitulation. Quelque dures que lui parussent les conditions dictées par le vainqueur, le dey s'y soumit, et l'armée fit son entrée à Alger le jour même à midi.

» Le 10 juillet, Hussein-Pacha quitta l'Afrique avec le personnel de sa maison, sur la frégate *la Jeanne d'Arc*, et se dirigea vers Naples. Il se rendit plus tard à Livourne, puis à Paris, et finit par aller se fixer à Alexandrie, où il mourut en 1898. Peu de jours après la prise d'Alger, Charles X partait lui-même pour l'exil, et le général Clauzel venait remplacer le général Bourmont.

» Une partie des navires de la flotte regagnèrent les ports de France. Je revins à Brest et j'obtins un congé de quelques mois. J'en profitai pour mettre à exécution un projet que je nourrissais depuis plusieurs années. Un de mes amis, qui avait renoncé à la marine et était devenu un riche propriétaire, habitait alors Laval. Au retour de chacune de mes campagnes, il m'invitait à aller me reposer dans sa famille, promettant de me distraire et de me promener dans les environs. Je voulus cette fois répondre à son invitation. Après avoir accordé quelques jours à mes bons et vieux parents de Plougastel, je fis mes préparatifs de voyage. Mon intention n'était pas de me rendre directement à Laval; je tenais à m'arrêter dans quelques villes de la côte, où je ne manquerais pas de rencontrer des marins que j'avais connus au service. Je pris, comme l'on dit, le chemin des écoliers. Je visitai successivement Saint-Pol-de-Léon, avec le Kreisker, ce clocher merveilleux, qui, de sa flèche de trois cent soixante-dix pieds, domine la cathédrale elle-même ; Morlaix, au fond d'une jolie vallée, avec ses paisibles caboteurs endormis sur son canal ; Treguier, Lannion, Saint-Brieuc, charmants petits ports où grandit toute une génération d'intrépides matelots ; Saint-Malo, qui vit naître les marins Jacques Cartier et Duguay-Trouin, Duclos, Broussais, Lamennais et l'illustre auteur du *Génie du christianisme*.

» Je traversai Avranches, Caen, le Havre, Rouen, et j'arrivai à Paris, où je séjournai plusieurs semaines ; puis je me digigeai vers Laval.

» M. Roscoët (c'est le nom de mon ami) me reçut avec joie et me traita comme un frère ; sa femme, ses deux fils eurent pour moi tous les égards possibles. On me laissa libre de disposer de mon temps comme je l'entendrais ; je me trouvai très heureux. Nous étions au mois d'octobre, c'est-à-dire à l'époque de la chasse. Le matin, quand M. Roscoët n'était pas retenu à la maison par ses affaires, nous partions le fusil sur l'épaule, suivis d'excellents chiens, et nous allions faire une battue à plusieurs lieues de Laval. Il était

rare que nous revinssions le carnier vide, et que
nous ne fussions pas félicités, à notre retour, par
Mᵐᵉ Roscoët. C'était pour elle une occasion d'in-
viter à dîner quelques personnes et de me procurer
ainsi de nouvelles distractions. On ne manquait
pas de m'interroger, à table, sur la marine ; je
répondais de mon mieux, et nous passions une
soirée des plus agréables.

» Un jour, mon ami me proposa de visiter un
couvent de Trappistes, situé à peu de distance
de Laval, sur la route de Château-Gontier. J'ac-
ceptai cette offre, et nous convînmes d'un jour
pour cette excursion. »

M. Letroadec se leva en ce moment, et, tirant
sa montre, « Mes enfants, dit-il, il faut que je
vous laisse ; une affaire m'oblige à rentrer au logis.

— C'est bien fâcheux, reprit Horace. L'histoire de votre voyage à la Trappe doit être si
intéressante. Comme nous aurions eu du plaisir
à l'écouter !

— Ce qui est différé n'est pas perdu, repartit
le marin. J'irai après-demain au Conquet, et je
ferai une visite à madame votre tante. Si vous êtes
chez vous quand je me présenterai, je vous pro-
mets de vous parler des Trappistes.

— Merci, Monsieur, répondirent les enfants, pour nous et aussi pour Mᵐᵉ de Kerdoret, car elle sera aussi heureuse que nous de vous entendre. »

Ils tendirent la main à leur vieil ami, et partirent.

CHAPITRE IV

Une visite à la Trappe.

M. Letroadec se présenta chez Mme de Kerdoret le jour qu'il avait dit. Cette dame tenait à
le remercier de sa bienveillance pour les jeunes
collégiens ; elle l'accueillit le plus amicalement
du monde. Il eut beau prétexter des affaires
pour ne point accepter à dîner ; on le retint
malgré lui, et ce fut à table qu'il entama l'histoire dont le titre avait si vivement piqué la
curiosité des enfants.

Mme de Kerdoret fut la première à lui rappeler
sa promesse.

« Monsieur, lui dit-elle quand on fut au
dessert, je sais avec quelle complaisance vous
voulez bien raconter à mon fils et à mon neveu

quelques-unes des évènements si intéressants de
votre carrière; je vous en suis très reconnais-
sante. Ces récits sont pour eux des leçons
très utiles. Il est bon que les jeunes gens se
familiarisent vite avec l'idée du danger, qu'ils
sachent ce qu'il faut à l'homme de courage et
d'énergie pour triompher des obstacles et se créer
une position honorable. Vous leur avez aussi
parlé, je crois, d'une visite chez les Trappistes.
Je ne vous cache pas que je partage leur désir
de connaître l'existence vraiment extraordinaire
de ces religieux; si rien ne vous force à nous
quitter encore, je serai très heureuse de vous
entendre.

— Madame, répondit M. Letroadec, je ne
me flatte pas d'être un conteur habile. Mais,
puisque vous le désirez, je vous dirai très
volontiers ce que j'ai vu dans un de leurs
monastères.

» J'ai lu quelque part que l'abbaye de la
Trappe fut fondée au xiie siècle par Rotrou,
comte de Perche, sur le territoire qui forme
aujourd'hui le département de l'Orne. L'ordre
s'étant relâché peu à peu, le célèbre abbé Armand
Jean Le Bouthillier de Rancé entreprit, en 1662,

d'y faire refleurir les anciennes coutumes. Après avoir passé la première moitié de sa vie dans le monde, il vint, à la mort de Mme de Montbazon, ensevelir sa douleur dans le silence du cloître, et il mourut comme les autres moines, couché sur la paille et sur la cendre.

» On m'avait bien souvent entretenu de ces hommes qui vivent entièrement morts au monde et s'éteignent inconnus sans qu'aucun bruit du dehors soit parvenu à leurs oreilles depuis leur entrée dans le couvent. On m'avait parlé de la fosse creusée chaque jour par le trappiste, de la tête de mort suspendue dans sa cellule, de mille autres choses auxquelles j'avais peine à croire. Je n'étais pas fâché de m'assurer par moi-même du plus ou moins de vérité de ce qu'on avançait à cet égard. Je saisis avec empressement l'occasion d'entrer dans l'une de leurs maisons.

» Les enfants vous ont peut-être dit, Madame, que, vers la fin de 1830, je passai un mois chez un de mes amis, à Laval. Ce fut lui qui m'engagea à faire cette excursion. Nous partîmes par une froide matinée d'octobre, et nous prîmes la route de Château-Gontier. Nous atteignîmes promptement le village d'Entrammes, situé à deux ou trois lieues de la ville ; dix minutes après, nous sonnions à la porte du monastère.

» Le portier vint nous ouvrir. Il était vêtu d'une grossière robe de bure d'une couleur sombre, surmontée d'un capuchon ; un cordon lui ceignait les reins ; sa tête était complètement rasée.

» A peine étions-nous entrés dans la cour qu'il se prosterna à nos pieds et baisa notre chaussure. Jamais je n'oublierai ce que je ressentis à la vue de cet homme s'abaissant ainsi devant ses semblables, et se déclarant, par cette humble attitude, le serviteur de l'hôte que le Ciel lui envoie. J'étais mille fois plus ému qu'en entendant le branle-bas du combat.

» Nous lui fîmes connaître nos intentions de demeurer quelques heures dans le couvent. Il nous invita à le suivre jusqu'à la salle des voyageurs, où le Frère hôtelier, qui a seul le droit de parler aux étrangers, ne tarderait pas à nous rejoindre ; ce Frère était en ce moment à la chapelle.

» Le portier se retira, et nous restâmes seuls dans la salle. Les chants des moines nous arri-

vaient distinctement. Nous aimions à entendre ces
voix fraîches et fortes que donnent la solitude
et une vie frugale ; ces voix allaient à l'âme et
y élevaient des sensations inconnues. Bientôt tout
se tut autour de nous ; nous nous mîmes à
examiner la pièce où nous attendions. Un grand
feu brillait dans le foyer ; quelques chaises et
une table composaient tout l'ameublement. Aux
murailles étaient suspendus, je ne dirai pas des
cadres, mais de simples cartons, sur lesquels se
lisaient des inscriptions diverses, rappelant toutes
la brièveté de la vie, la vanité des biens et des
joies de la terre.

» Un quart d'heure s'écoula, après lequel nous
vîmes entrer un religieux ; nous comprîmes que
nous étions en présence du Frère hôtelier. C'était
un personnage d'environ trente ans, d'une phy-
sionomie agréable ; il s'exprimait avec beaucoup d'aisance ; ses manières étaient celles d'un
homme du monde. Il était évident qu'avant de
prononcer ses vœux, il avait dû vivre dans une
sphère élevée, occuper peut-être une haute
position.

» Le Frère hôtelier ne nous donna pas le temps
de nous livrer à son sujet à de longues

réflexions. Après nous avoir adressé quelques
questions insignifiantes, il se mit gracieusement
à notre disposition pour la visite du monastère. Nous acceptâmes sa proposition en le
remerciant.

» De la fenêtre près de laquelle nous étions
assis, il nous fit remarquer les riches et verdoyantes
campagnes que traverse la Mayenne et que ferti-
lisent les sueurs des religieux ; puis il nous invita
à le suivre dans le couvent.

» Nous nous dirigeâmes d'abord vers la chapelle. Cinq ou six moines étaient restés après
l'office dans le saint lieu. Les uns étaient pros-
ternés la face contre terre ; d'autres se tenaient
immobiles, appuyés contre des piliers. Nous en
vîmes qui, à notre approche, se couvrirent la
tête d'un pan de leur robe. Voulaient-ils répri-
mer en eux jusqu'au moindre mouvement de
curiosité, ou craignaient-ils que la vue de deux
étrangers ne reveillât dans leur cœur le souvenir, difficilement éteint, du monde où ils avaient
laissé sans doute des personnes bien chères ?
Qui eût pu le dire ? Mais la vue de ces hommes
vénérables, méditant ainsi en face de l'Eternel,
nous impressionna fortement. C'est à peine si

nous remarquâmes les sculptures délicates du choeur et de l'autel. Cet autel est de chêne ; six chandeliers de cuivre, un crucifix et une lampe de même métal en font l'ornement. Tout, dans cette chapelle, a un aspect sévère, en harmonie avec les habitudes et les costumes des religieux.

» En sortant de la chapelle, nous nous rendîmes au cimetière. Là, point de pompeux ornements, point d'épitaphes fastueuses. De simples croix de bois, sur lesquelles on distingue un nom et une date, annoncent seules le lieu où dorment ceux des Frères dont la carrière est achevée, et qui ont acheté le repos par tant de prières et de fatigues. Une fosse toujours ouverte attend celui des moines que la mort frappera le premier. Mais il est faux que chacun creuse chaque jour la sienne, ainsi que certains écrivains l'ont prétendu.

» Nous avions le coeur serré en sortant du cimetière. Le Frère hôtelier s'aperçut de l'effet que produisait sur nous la vue de ce dont nous étions témoins, et, pour dissiper notre tristesse, il se mit à nous entretenir des travaux des religieux. Nous passions alors devant de longs édifices qui servent d'ateliers; nous y entrâmes. Ici l'on confectionnait des vêtements, là des chaussures, ailleurs des harnais pour les chevaux ou des instruments aratoires. Les moines qui ne savent pas de métier, vont aux champs, labourent, soignent les troupeaux. Quant à ceux que l'on désigne sous le nom de Pères, prêtres pour la plupart, et tous instruits, ils se livrent à des travaux intellectuels et s'occupent de ce qui concerne le culte. Quelques-uns mêmes écrivent : les œuvres du baron de Géramb jouissent d'une réputation méritée. Tous ces Pères sont vêtus d'une robe blanche, de la même étoffe que celle des autres; leur tête n'est rasée qu'à la partie supérieure.

» Comme nous traversions la cour pour gagner le réfectoire, nous eûmes sous les yeux un spectacle qui nous toucha beaucoup. Le Frère portier la traversait en ce moment de son côté. Il portait un fusil sur son épaule et tenait à la main un havre-sac de soldat. J'allais demander l'explication de ce que je voyais, quand j'aperçus, à quelques pas de lui, un militaire qui le suivait en boitant. La fatigue avait surpris cet homme sur la route; il avait été contraint de rester en arrière, et incapable d'aller dans la soirée jusqu'à Laval, où

devaient coucher ses camarades, il était venu
frapper à la porte du couvent. Il savait que là il
pouvait se reposer plusieurs jours et profiter
d'une hospitalité gratuite, accordée avec le même
empressement au pauvre et au riche. Les Trappistes, en effet, ont toujours des chambres prêtes
pour recevoir les étrangers, et ils traitent leurs
hôtes avec une sorte de luxe qu'on ne s'attendrait
guère à rencontrer chez les religieux dont la vie est
si austère.

» Le réfectoire était à deux pas. Rien dans
cette salle ne nous frappa d'abord. Des tables
avec des bancs pour les simples religieux, une
table plus petite destinée aux Pères, tout cela
donnait à cette pièce un air de ressemblance
parfaite avec les réfectoires des collèges. Mais,
en passant près de la petite table, nous vîmes, à la
place du supérieur, un marteau de bois. Comme
nous le regardions avec quelque surprise, le
Frère hôtelier voulut bien nous en expliquer
l'usage. C'est avec ce marteau que le supérieur
annonce le commencement et la fin du repas.
Les moines ne mangent qu'après le coup de marteau; ils cessent au même signal. Bien plus,
toutes les fois que ce signal se fait entendre, ils

s'arrêtent, chacun dans l'attitude où il se trouve, jusqu'à ce que le supérieur leur permette de continuer. Il ne faut pas que cela surprenne : la patience, la soumission sont des vertus qui ont atteint chez les Trappistes les dernières limites. Il va sans dire qu'ils ne prononcent pas une parole à table, non plus que dans n'importe quel autre moment de la journée, à moins de nécessité absolue.

» Il nous restait à visiter le dortoir ; en quittant le réfectoire, nous y montâmes. Nous n'y trouvâmes point encore tout ce qu'on nous avait dit. Figurez-vous une pièce immense, divisée en un grand nombre de cellules, que des cloisons de six à sept pieds de haut séparent les unes des autres. Dans chaque cellule est une couchette très basse avec un matelas et une couverture semblable à celle des lits militaires. Une chaise et un crucifix complètent ce modeste mobilier. Le linge est inconnu aux religieux ; ils le réservent pour les étrangers.

» La visite du couvent avait duré plusieurs heures. Nous tenions à rentrer avant la nuit à Laval, et nous nous excusâmes de ne pouvoir aller visiter aussi les travaux des champs.

Nous remerciâmes le Frère hôtelier de la complaisance qu'il avait mise à nous donner tous les renseignements possibles, et déposant une offrande dans un tronc fixé près de la salle des voyageurs, nous le priâmes de recevoir nos adieux. Il voulut nous accompagner jusqu'à la porte du couvent. Tout en nous reconduisant, il nous dit quelques mots des revenus de la maison. Ces revenus, hélas ! sont tellement minimes qu'on peut à peine y croire. Vous me demanderez sans doute comment de si faibles ressources peuvent suffire à l'entretien d'une communauté; elles y suffisent cependant. Tout se confectionne dans le couvent. Les moines défrichent des terrains jusque-là improductifs, et ils ne se nourrissent que de légumes. J'ajouterai, à propos de leur nourriture frugale, que le pain leur est mesuré : ce qui ne les empêche pas de prélever sur leur ration la part qu'ils destinent aux malheureux. Nous vîmes en sortant plus de soixante pauvres, femmes, vieillards, enfants, qui attendaient la distribution habituelle des vivres.

» Nous quittâmes la Trappe à trois heures du soir, emportant dans notre cœur des souvenirs qui ne s'effaceront jamais de notre mémoire. Je me rappelle encore, comme si c'était d'hier, ces religieux errant silencieusement sous les cloîtres, et s'inclinant, sans nous regarder, quand ils nous rencontraient; je me souviens encore des croix du cimetière, des chants graves de la chapelle. Tout cela m'est resté présent à l'esprit, et voilà pourquoi, Madame, je puis, après tant d'années, vous en parler comme de choses tout à fait récentes.

— Votre récit nous a extrêmement intéressés, s'empressa de répondre Mme de Kerdoret; au point que, s'il m'est possible, en retournant à Paris, de m'arrêter à Laval, je veux moi-même faire le voyage de la Trappe.

Les femmes ne sont point admises à visiter le couvent, repartit M. Letroadec; la règle à ce sujet est inflexible, mais les enfants obtiendront d'y entrer.

— Nous verrons, reprit Mme de Kerdoret. Je ne sais pas encore quand nous partirons et quand il faudra que nous soyons à Paris; peut-être n'aurons-nous pas le temps de nous arrêter en route. J'attends une lettre de mon mari à cet égard. En tout cas, le jour de la rentrée des classes approche, et nos jeunes gens devront

bientôt songer à faire leurs préparatifs en conséquence. Je pense qu'ils se remettront au travail
avec courage. Grâce à vous, Monsieur, le séjour
du Conquet ne leur a pas semblé ennuyeux; ils
aimaient beaucoup votre conversation, et ils ont
largement profité de votre obligeance.

— J'espère, bien, Madame, que je les verrai
encore plus d'une fois avant qu'ils s'en aillent. Je
désire qu'ils connaissent mon histoire d'un bout à
l'autre, et je les attendrai demain si aucun empê-
chement ne me prive de leur visite.

— Oui, à demain, » répondirent Horace et
Ludovic.

M. Letroadec prit congé de Mᵐᵉ de Kerdoret,
embrassa cordialement les deux enfants et reprit
le chemin de sa maison.

CHAPITRE V

Un naufrage.

Les jeunes enfants retournèrent le lendemain, comme il était convenu, chez leur excellent ami ; ils le trouvèrent soucieux et fatigué.

« Qu'avez-vous donc, M. Letroadec ? demanda Ludovic ; seriez-vous souffrant ?

— Oh ! ce n'est rien, répondit-il ; j'ai peu reposé cette nuit, voilà ce qui me donne un peu de lassitude ; une promenade me remettra. Si vous voulez, nous irons prendre l'air sur les falaises ; nous causerons en marchant.

— Nous ne demandons pas mieux, » répondirent les enfants. Et tous les trois se dirigèrent du côté de la plage.

Après un moment de silence, M. Letroadec

étendit la main vers des rochers situés à une lieue environ du rivage. « Voyez-vous, dit-il, ces récifs contre lesquels la mer moutonne? Ils ont failli devenir cette nuit le tombeau de plusieurs pêcheurs. Leur bateau avait été surpris par un grain près de l'île Ouessant, et en cherchant à revenir à la côte, ils ont été précipités sur ces écueils. Leur barque faisait eau, et leur situation était devenue des plus critiques, quand un douanier aperçut leurs signaux de détresse. Il accourut chez moi et m'avertit de ce qui se passait. Je me levai aussitôt, et je me jetai dans un canot, avec deux matelots qui sont mes voisins. Nous eûmes le bonheur de recueillir ces malheureux et de les déposer à terre sains et saufs. Ils sont sauvés, c'est vrai, mais leur bateau qui était leur gagne-pain n'existe plus ! Enfin, ajouta le vieux marin d'un air pensif, nous verrons ce qu'on pourra faire pour eux.

— Comme vous êtes courageux et bon ! dit Horace en saisissant les mains de l'ancien officier.

— Cela ne vaut pas la peine d'en parler, repartit le brave homme; tout autre à ma place en eût fait autant. Quand on a vu de près, comme moi, les horreurs du naufrage, on ne peut s'empêcher de voler au secours des gens en péril.

— Vous avez donc fait naufrage, M. Letroadec ? demanda Ludovic.

— Une fois, répondit-il, et c'est un des événements les plus terribles auxquels j'aie jamais assisté. La guerre avec ses dangers, l'abordage avec ses fureurs n'ont rien de comparable avec la position d'infortunés qui se voient descendre lentement dans l'abîme, sans aucune espérance de secours, ou qui, entassés dans une étroite chaloupe, errant au gré des vagues et des vents, se trouvent réduits, pour prolonger leur vie de quelques jours, à dévorer jusqu'à leurs vêtements et à se manger les uns les autres. Ah ! c'est surtout dans ces luttes contre les éléments que l'homme a besoin de cette énergie, de cette résignation par lesquelles il devient mille fois plus admirable à nos yeux que par sa bravoure sur les champs de bataille. Asseyons-nous sur le gazon, ajouta M. Letroadec en désignant du doigt un petit tertre couvert d'une herbe peu haute émaillée de romarin, et je vous raconterai un de ces drames maritimes auxquels il est réellement difficile de croire.

» J'étais revenu à Brest à l'expiration du congé que j'avais passé en grande partie à Laval. Je fus attaché aux travaux du port en qualité de lieutenant de vaisseau, et j'y restai jusqu'en 1835. On armait, à cette époque', une frégate destinée à faire un voyage de circumnavigation. Comme je n'avais jamais voyagé dans les mers du Sud, je cédai au désir de voir les côtes d'Asie, et je demandai à faire partie de l'expédition. Ma demande fut accueillie favorablement.

» Après avoir doublé sans encombre le cap de Bonne-Espérance et visité nos colonies des Indes, nous franchîmes le détroit de Malacca et nous entrâmes dans le grand Océan.

» Nous allions passer sous la ligne, nous dirigeant vers la Californie, quand un violent incendie éclata à notre bord. Le capitaine vit du premier coup d'œil qu'il serait impossible de maîtriser le feu; les flammes allaient bientôt gagner les poudres. Il ordonna d'ouvrir de larges voies d'eau dans le pont. Les flots se précipitèrent avec impétuosité dans la frégate et parvinrent à arrêter les progrès du feu. Mais ce fut un autre danger : chacun comprit que le navire ne pouvait tarder à s'ensevelir dans la mer.

» Alors commença une scène d'horreur qui
dépasse tout ce que je pourrais dire, et où se
révélaient, selon les caractères différents, le
courage et la faiblesse, la résignation et le
désespoir. Imaginez plus de deux cents hommes
— nous avions déjà perdu beaucoup de monde
par les maladies — en présence d'une mort à
peu près certaine, songeant à leur pays, à leur
famille dont la plupart sont l'unique soutien,
attendant leur mort avec un stoïcisme incroyable
ou avec une insensibilité stupide ! Nous vîmes
quelques-uns de ces malheureux chercher dans
l'abus des liqueurs fortes l'enivrement et l'oubli ;
leurs chants insensés tenaient du délire et bri-
saient le cœur dans un pareil moment. D'autres,
sans attendre que le capitaine eût organisé les
moyens de sauvetage, se précipitèrent dans les
flots et se noyèrent, en voulant échapper au
trépas qui les attendait. D'autres enfin avaient
conservé leur sang-froid : pleins de confiance
dans le Ciel et dans leurs officiers, ils
s'offrirent pour confectionner des radeaux et
armer les canots et la chaloupe.

» Avant de consentir à leur demande, le
capitaine fit monter un matelot au grand mât,

souhaitant, sans oser l'espérer, qu'il découvrit au loin quelque bâtiment. Le matelot parcourut l'horizon d'un regard inquiet; puis, tout à coup, agitant son chapeau, il s'écria : « Une voile sous le vent ! » Cette bonne nouvelle fut reçue avec des cris de joie. Mais, hélas ! le navire aperçu était à une distance telle, qu'il n'entendit point notre voix et ne vit point nos signaux. Nous avions dû jeter des canons à la mer pour soulager la frégate, et nous n'avions plus aucun moyen de l'informer de notre détresse.

» Le capitaine donna l'ordre de préparer des radeaux et les embarcations, et d'opérer le transbordement. On se mit immédiatement à l'œuvre, et, au bout de deux heures, la chaloupe, les canots et plusieurs radeaux étaient rangés le long de la frégate. Malgré le désir de chacun d'abandonner au plus vite le bâtiment, la discipline fut sévèrement observée. Les mousses descendirent d'abord, puis les matelots, enfin les officiers. Quelques minutes après, la frégate disparaissait dans les profondeurs de l'Océan.

» Le capitaine prit le commandement de la

chaloupe, les autres officiers furent chargés de la direction d'un canot ou d'un radeau. On avait embarqué des vivres et de l'eau pour plusieurs semaines. On devait naviguer de conserve et tâcher de ne point se perdre de vue. C'est ce que l'on fit pendant dix jours. Au bout de ce temps, on n'avait pas encore rencontré ni un navire ni une terre. Le onzième jour, on aborda à une petite île pour faire de l'eau, mais sans oser pénétrer à l'intérieur, car les dispositions des insulaires paraissaient très hostiles.

» Cependant les vivres commençaient à diminuer. Le capitaine crut prudent de partager les embarcations en plusieurs groupes. Il distribua entre eux les armes, les instruments nautiques et les provisions qui restaient. Puis l'on se dit adieu, en faisant des vœux pour se retrouver plus tard. La séparation fut navrante. Tous ces hommes qui, depuis quinze jours, avaient déjà tant souffert, pleuraient comme des enfants à l'idée de ne plus se revoir.

» Je commandais l'un des canots qui suivirent le capitaine. Comme nous possédions une boussole, nous cherchâmes à atteindre, non les côtes de l'Amérique dont nous étions beaucoup trop éloignés, mais l'un des nombreux archipels répandus dans cette partie de l'Océan. Notre intention était d'aborder aux îles Pelew ou Palas. Nous nous dirigeâmes de ce côté en conséquence ; mais nous ne pouvions gouverner facilement, et le vent nous eût bientôt jetés hors de notre route. Les vivres diminuaient de plus en plus. En quittant la frégate, chaque homme avait reçu d'abord pour ration un biscuit et un litre d'eau ; puis cette ration avait dû être réduite à un demi-biscuit et un demi-litre d'eau. Nous souffrions beaucoup de la pluie, qui ne cessait de tomber depuis quelque temps, et la faim se faisait déjà sentir. Nous nous mîmes à manger nos souliers, nos vêtements, et même des morceaux de bois. Rien ne pouvait assouvir notre faim. Quand il n'y eut plus rien à dévorer, nous en vînmes, vous le dirai-je ? à devoir nous nourrir de chair humaine !

» Oui, mes enfants, de chair humaine ! répéta le vieil officier en accentuant chaque syllabe comme quelqu'un qui se rappelle une monstruosité inouïe. Le moment arriva où il fallut sacrifier une première victime au salut de tous. Sur un signal du capitaine, toutes les embarcations rallièrent la chaloupe, et il fut décidé qu'on tirerait à la courte paille. Déjà un matelot présentait au capitaine son chapeau devenu l'urne fatale, quand une idée subite traversa mon esprit : j'avais trouvé le moyen de sauver notre capitaine. « Camarades, m'écriai-je, qu'allons-nous faire ? Si le capitaine est désigné par le sort pour mourir, que deviendrons-nous sur ces mers inconnues ? Lui seul peut nous guider vers quelque continent; en lui ôtant la vie, nous nous perdrons tous. Et si nous avons le bonheur de rentrer dans notre patrie, qu'aurons-nous à répondre à ceux qui nous demanderont ce que nous avons fait de notre chef ? Il ne faut pas que le commandant meure, Dieu nous refuserait désormais son secours.

— Le lieutenant a raison, » répondit-on de toutes parts. Et il fut aussitôt arrêté que le capitaine ne tirerait pas au sort.

» Mais alors s'élevèrent des réclamations de plus d'une espèce. L'un se plaignait que sa femme et ses enfants n'avaient que son travail pour vivre, l'autre disait que sa vieille mère comptait uniquement sur lui; un troisième, encore très jeune, ne pouvait se résoudre à mourir. Tous voulaient vivre, et vivre aux dépens de leurs voisins.

» Nous ne savions comment sortir de cette difficulté, quand un homme, qui assistait à nos débats sans rien dire, se leva et fit une proposition qui portait à tout concilier. C'était un nègre à la fleur de l'âge, d'une santé robuste, et sur qui les privations endurées depuis le naufrage n'avaient pas exercé des ravages aussi funestes que sur la plupart des matelots. Petro (ainsi se nommait cet homme) avait été racheté de l'esclavage par notre capitaine, dans les colonies françaises, et depuis cette époque il avait suivi partout son maître, à qui il était très dévoué. Soit qu'il craignît que le trépas de son cher capitaine ne fût que différé, ou qu'il crût nous sauver tous en se sacrifiant, il s'adressa ainsi à ceux qui l'entouraient :

« Mes amis, je n'ai pas les mêmes motifs que vous de vivre; je suis seul au monde, sans famille qui s'intéresse à moi. Avec la permission du commandant, je consens à périr pour vous, et puisse ma mort vous sauver! C'est tout ce que je demande à Dieu. »

» Ce langage, dans la bouche d'un homme que

personne n'aurait jugé capable d'un pareil hé-
roïsme, m'arracha des larmes. Le capitaine fit
un pas vers Petro et l'embrassa avec effusion.
Il ne pouvait se décider à accepter son offre
généreuse....

» Dans une situation si désespérée, la Providence daigna jeter un regard de commiséra-
tion sur tant d'infortunés. Le capitaine annonça
le jour suivant que, par suite du changement
de vent survenu depuis trois jours, nous nous
étions considérablement rapprochés des îles Pelew,
et que nous y aborderions peut-être avant la
nuit. Cette nouvelle rendit le courage à ceux
mêmes qui paraissaient le plus abattus. La
journée se passa dans les alternatives de l'espérance et de la crainte : on s'était déjà cru
tant de fois près de rencontrer la terre! Si
le commandant s'était encore trompé!... Mais
non, vers six heures de l'après-midi, un matelot distingua nettement les côtes à l'horizon.
Au cri de *Terre!* chacun se leva, et, fixant les
yeux sur le point indiqué, s'assura par lui-même
que ce n'était pas une illusion.

» Le matelot avait dit vrai, nous avions devant nous une île. Nous résolûmes d'y des-

cendre. Dussions-nous être tous massacrés par
les naturels, cette mort nous semblait plus
douce que celle à laquelle la faim et la soif
nous exposeraient. D'ailleurs, nous avions encore des armes, et nous vendrions chèrement
notre vie.

» La chaloupe aborda, ainsi que les deux canots qui l'accompagnaient, en remorquant un
vaste radeau. Vingt-cinq hommes se rendirent
à terre pour reconnaître le pays. Leur absence
dura longtemps. Nous crûmes qu'ils avaient
succombé sous les coups des sauvages, et le
commandant songeait déjà à s'éloigner de ces
rivages perfides quand nous les vîmes revenir
tous sains et saufs. Derrière eux marchait un
noir qu'on pouvait prendre pour le chef de
l'île, et qui nous invita à laisser là nos embarcations et à le suivre. Le capitaine voulut
savoir jusqu'à quel point il pouvait se fier à
sa parole. L'officier qui était allé à la découverte avec le détachement s'empressa de le ras-
surer, en lui racontant comment ils avaient fait
la connaissance de celui qu'ils croyaient le roi des
insulaires.

« Nous avons, nous dit-il, suivi la côte

pendant quelque temps. Après une heure de
marche, nous sommes arrivés à une espèce de
cabane auprès de laquelle nous avons aperçu
plusieurs nègres endormis à l'ombre d'un arbre.
Deux chiens énormes veillaient à côté d'eux.
A l'approche des étrangers, les molosses se
mirent à aboyer et réveillèrent les noirs. L'un
d'eux, qui paraissait être le maître, saisit un
fusil étendu à terre et fit mine de s'en servir
contre nous; il nous prenait pour des ennemis.
Nous nous sommes efforcés de lui faire comprendre par des signes que nous n'en voulions
nullement à sa vie. Aussitôt il fit taire les
chiens et déposa son arme. Alors Jacques Ker-
vert, le gabier, qui avait séjourné longtemps
en Angleterre, eut l'idée de lui adresser la
parole en anglais. Le chef comprenait assez
bien cette langue. Il parut touché de notre
infortune et promit de nous venir en aide.
Puis il demanda que nous l'amenions aux embarcations, afin de chercher nos camarades,
car nous pouvions être exposés à de mauvais
traitements de la part des naturels. Il nous a aussi
engagés à ne pas trop nous avancer dans l'île et à
ne jamais nous risquer dans les endroits soli-

taires, si nous tenions à ne pas être égorgés par ses sujets. »

» Le prince noir, à qui le gabier servait de trucheman, entra en relation avec notre capitaine. Il exigea que chacun de nous lui remît ses armes, même son couteau, et tout l'argent qu'il possédait. Nous avions une envie démesurée de donner une leçon à cet affreux moricaut ; mais le sentiment de notre position nous empêcha de commettre une imprudence qui nous eût été funeste. Tout le monde obéit et feignit de croire à sa bonne foi, quand il assura que ces objets nous seraient rendus à notre départ, et qu'il voulait seulement les placer en lieu sûr. Inutile de dire qu'ils ne nous furent jamais restitués.

» Nous laissâmes, non sans une certaine inquiétude, nos embarcations amarrées au rivage, et nous pénétrâmes dans l'île. A peine avions-nous fait un kilomètre que notre troupe fut entourée de sauvages. Le roi tâcha de nous protéger tant bien que mal contre les exigences des insulaires, mais sans parvenir à les écarter. Ils nous fatiguaient par leurs cris rauques et par les regards de convoitise qu'ils fixaient sur nos

vêtements. Quelques-uns en voulaient particulièrement au paletot du capitaine, dont les
boutons dorés brillaient au soleil, et, comme
il ne se souciait pas de s'en dépouiller pour
leur faire plaisir, l'un d'eux leva sa hache pour
lui fendre la tête. Le chef comprit qu'il était temps
d'intervenir; il donna son propre fusil au capitaine, et l'autorisa à tuer le premier de ses sujets
qui oserait le maltraiter.

» Nous nous installâmes, le soir, dans un petit
bois voisin de l'habitation du roi, et tout près
de la côte. Nous mangeâmes des coquillages et
des fruits, puis nous nous étendîmes à terre et
nous nous endormîmes profondément.

» Le capitaine, de peur de surprise, avait établi
un poste et posé des sentinelles. Cette précaution
fut heureusement inutile. Les sauvages s'étaient
dispersés sur l'ordre de leur chef, et rien ne vint
troubler notre repos.

» Le lendemain, le commandant jugea à propos
de se rapprocher des embarcations. Nous allâmes
bâtir des huttes à quelque distance de notre
premier bivouac, sur un terrain d'où nous
pouvions facilement surveiller les canots et guet-
ter le passage d'un navire européen. Deux ma-

telots furent successivement chargés de ce soin.

» Les insulaires s'habituèrent à nous voir, et nous n'avions point à nous plaindre de leurs procédés à notre égard. Tous les jours, nous allions pêcher des crabes, qui composaient en grande partie notre nourriture. Nous y ajoutions une espèce de pomme de terre et des aliments grossiers que les indigènes consentaient parfois à nous donner en échange de morceaux de ferraille ou de boutons.

» Le roi ne tarda pas à se convaincre que nous étions des gens fort inoffensifs, et il consentit à nous rendre nos couteaux. Il prit même à son service un matelot dont l'adresse lui plut infiniment; ce qui contribua encore à nous le rendre favorable. Cet homme, très mauvais marin, mais un peu cuisinier, savait préparer certains plats qui flattaient singulièrement le palais de sa majesté nègre. Il faisait rôtir, en les arrosant d'une sauce fortement épicée, les oiseaux que le prince tuait à la chasse; il cultivait son petit jardin et exécutait une foule de travaux. Son maître était émerveillé de ses talents.

» Il y avait cinquante et un jours que nous

étions dans l'île, quand le matelot, placé en vigie, nous prévint qu'il apercevait au loin un grand bâtiment. Tout le monde fixa aussitôt les yeux sur le point de l'horizon indiqué. Le navire approchait; nous distinguâmes bientôt très nettement un navire anglais. C'était une frégate; elle se dirigeait de notre côté, et elle ne manquerait pas assurément de passer assez près de l'île pour entendre nos cris et voir nos signaux. C'est ce qui arriva. Un officier fut envoyé à terre avec la chaloupe. Après avoir entendu de la bouche de notre capitaine le récit de nos malheurs, il retourna à son bord et informa son capitaine de ce qu'il avait appris. Une demi-heure après, la chaloupe revint avec plusieurs canots, et nous fûmes recueillis sur la frégate, qui nous transporta à la Guadeloupe. Le consul français nous reçut avec une bienveillance parfaite, et s'occupa de nous procurer promptement les moyens de revenir à Brest,

» Quant aux malheureux que les circonstances avaient obligés de se séparer de nous quelques jours après notre naufrage, leur sort avait été plus triste encore que le nôtre. La plupart avaient péri sans rencontrer aucun secours; une vingtaine seulement avaient pu, après des souffrances inouïes, toucher à un rivage hospitalier et de là regagner leur pays.

» Vous le voyez, mes enfants, dit M. Letroadec, la vie des gens de mer est exposée à bien des épreuves ; mais avec de l'énergie, de la gaîté et surtout une grande confiance en Dieu, on parvient à triompher d'obstacles réputés insurmontables. Bien que vous ne soyez pas destinés à la marine, il faut que vous deveniez de jeunes gens courageux. Vous aurez à prouver un jour que vous êtes réellement des hommes. Ce n'est que par le talent qu'on arrive à une position honorable, si on ne tient pas à suivre la voie honteuse de l'intrigue. Or le talent est le résultat du travail, et l'on a besoin de courage pour s'y livrer avec persévérance, au collège d'abord, puis dans la carrière qu'on s'est choisie. Mais je ne veux pas vous faire une remontrance au lieu d'un récit que vous êtes venus entendre ; je vais voir mes pauvres pêcheurs de la nuit dernière. »

Comme il disait ces mots, un jeune homme portant l'uniforme d'officier de marine entra subitement et se jeta dans les bras du vieillard,

M. Letroadec poussa un cri de surprise et de joie ; puis, calmant l'émotion que lui causait cette visite inattendue, il le présenta à ses petits amis.

« Mes enfants, dit-il, puisque vous aimez tant les histoires de mer, vous serez satisfaits. Je vous ai raconté à peu près tout ce qu'il y a eu d'intéressant dans ma vie ; mon neveu Frédéric se fera un plaisir, j'en suis sûr, de vous dire à son tour ce qu'il a vu d'extraordinaire en Chine et au Mexique. Mais, ajouta-t-il en s'adressant au jeune homme, tu ne m'as pas appris à quelle circonstance je dois de te revoir d'une manière si imprévue. Ta dernière lettre était datée de Canton, et rien ne m'annonçait que tu fusses sur le point de revenir si tôt en France.

— Mon oncle, répondit Frédéric, j'ai tenu à ne point vous donner d'inquiétude. Je sais combien vous m'aimez, depuis surtout que j'ai perdu ma pauvre mère et que je suis presque seul au monde. J'ai été pris de la fièvre, il y a un mois, et le docteur de notre frégate m'a engagé à faire mon possible pour obtenir de rentrer à Brest. Cette autorisation m'a été accordée, et je viens passer auprès de vous, mon bon oncle, un congé de convalescence de trois mois. »

M. Letroadec serra affectueusement la main de son neveu et l'examina avec intérêt. Ses traits un peu amaigris indiquaient en effet un état de souffrances, mais il n'y avait heureusement rien de grave dans sa maladie ; une vie calme et les soins du vieillard ne manqueraient pas de lui rendre avant peu toute sa vigueur.

Ils continuèrent de s'entretenir d'affaires qui les concernaient l'un et l'autre. Pendant ce temps-là, les deux enfants tenaient les yeux fixés, avec la curiosité de leur âge, sur le nouveau venu. C'était un homme de trente ans à peine, grand et bien fait, mais dont les épaules un peu voûtées attestaient un long séjour dans les entre-ponts. Son visage, bruni par le soleil et le hâle, avait une expression d'énergie extraordinaire ; on voyait qu'il y avait en lui l'étoffe d'un vaillant marin. Le ruban de chevalier de la Légion d'honneur, passé à sa boutonnière, montrait, du reste, que déjà il avait fait preuve de capacité et de courage. Entré au vaisseau-école, à la suite d'un examen brillant, il avait obtenu au choix et de bonne heure le grade de lieutenant de vaisseau.

Au bout de quelques minutes, Horace et

Ludovic comprirent qu'il y avait de l'indiscrétion de leur part à prolonger la séance chez le vieil officier ; ils se levèrent et se disposèrent à partir. M. Letroadec avait à causer avec son neveu, et il ne les retint pas. Mais il leur fit promettre de ne rien changer à leurs habitudes à son égard tant qu'ils resteraient au Conquet, et il annonça qu'il irait le lendemain voir Mme de Kerdoret avec son enseigne de vaisseau. Frédéric ne demandait pas mieux que d'entrer en relations avec les amis de son oncle ; franc et ouvert comme le sont généralement les marins, il serra cordialement la main aux enfants, et leur dit qu'il leur raconterait avec plaisir sa campagne en Chine.

CHAPITRE VI

Campagne de Chine; ses causes. L'îlot de Molenè.

Quelques jours s'étaient écoulés depuis l'arrivée de l'officier de marine chez son oncle. Les deux jeunes gens mouraient d'envie d'entendre l'enseigne de vaisseau leur parler de la Chine; mais Mᵐᵉ de Kerdoret avait jugé convenable qu'ils attendissent l'occasion de l'interroger à ce sujet, et elle s'était opposée à leur désir d'aller le trouver chez M. Letroadec. Cette occasion se présenta bientôt. Un matin, le vieux marin et son neveu arrivèrent au Conquet, et ils prièrent Mᵐᵉ de Kerdoret de leur confier ses enfants dans la journée. Ils avaient projeté de les emmener faire une partie en mer. Horace et Ludovic bondirent de joie à cette nouvelle, et, après avoir bien promis de ne commettre aucune imprudence dans le bateau, ils partirent en compagnie de M. Letroadec et de Frédéric. Quelques instants après, on mettait à la voile et on s'éloignait des côtes.

Le temps était on ne peut plus beau. Le bateau s'inclinait mollement sous la brise et fendait l'eau avec rapidité. Quand les deux enfants eurent joui quelque temps du plaisir de la navigation, Frédéric les invita à s'asseoir à côté de lui, près du gouvernail qu'il dirigeait lui-même, et leur demanda s'ils étaient disposés à écouter le récit d'une de ses campagnes.

« Oh! bien volontiers, monsieur Frédéric, répondit Ludovic; nous voilà justement en mer; tout ce que vous nous direz ne nous intéressera que davantage.

— Eh bien, écoutez, reprit le lieutenant de vaisseau; je vais vous parler d'une expédition qui ne sera pas la moindre gloire de notre temps, et qui a porté la civilisation dans la contrée la plus reculée de l'Asie. Elle a duré trois ans, et, grâce à l'énergie de nos marins et de nos soldats, l'influence française a été enfin établie sur ces

rivages éloignés ; le chef du Céleste-Empire a été
contraint de signer un traité avantageux pour
nous. Vous pouvez croire, mes petits amis, que
cela n'a pas été obtenu sans peine. Outre les
fatigues d'un voyage long et pénible, nos hommes
ont eu à lutter incessamment contre les influences
climatériques d'un pays malsain ; mais aucune
difficulté n'a pu les empêcher de mener à bonne
fin la guerre. Ils ont prouvé une fois de plus que
rien n'est impossible aux Français quand ils
souffrent et combattent pour le triomphe d'une
cause juste.

— Pourquoi faisait-on la guerre à la Chine ?
demanda Horace.

— Vous êtes tous les deux intelligents, et
vous comprendrez facilement les motifs qui déci-
dèrent notre expédition ; mais avant de retracer
successivement les faits qui y appelèrent nos
armes, je veux vous apprendre, si déjà on ne vous
l'a enseigné, que cette contrée, qui forme le plus
grand empire de l'Asie, avait déjà connu une
sorte de civilisation avant que les Etats actuels
de l'Europe fussent policés. Comme cet immense
pays a, au moyen des fleuves qui le sillonnent,
de faciles voies de communication, et que par la

variété de ses productions il peut se suffire à lui-même, ses habitants s'adonnent peu au commerce extérieur, et, pendant bien des siècles, ils n'ont été en contact avec aucune nation étrangère.... Vous avez vu sans doute des Chinois?

— Oui, oui, répondit un des enfants. Nous en avons quelquefois rencontré dans les rues à Paris. Ils ont le visage large, les yeux, la bouche et le nez petits, les pommettes très saillantes, et le teint jaune.

— Je vois que leur type vous est connu, reprit Frédéric; j'ajouterai qu'ils sont doux, polis, amis de la paix, mais poltrons, enclins à l'ivrognerie et à la fraude et qu'ils tiennent beaucoup à se venger des injures qu'ils ont reçues. Ils sont de plus d'un orgueil intolérable pour tout ce qui concerne leur pays. Vivant dans le plus grand isolement physique et moral, ils méprisent toute innovation et se montrent opiniâtrément attachés aux coutumes traditionnelles. C'est ce qui explique les difficultés qu'ont rencontrées les Européens toutes les fois qu'ils ont cherché à établir avec eux des relations commerciales.

— On m'a dit, interrompit Ludovic, qu'ils aiment beaucoup l'opium.

— C'est vrai, reprit le narrateur, et c'est
précisément ce qui a été la cause de la guerre.
Écoutez bien. Le gouvernement, par raison
d'hygiène, avait prohibé depuis longtemps cette
plante dont les effets sont si déplorables pour la
santé. Mais les Chinois en sont encore plus
friands que des nids d'hirondelles, et ce n'est
pas peu dire : aussi les Anglais se mirent-ils à
faire de la contrebande. Pendant quelques années,
la fraude ne fut pas découverte, ou bien les
gouverneurs la tolérèrent, et le commerce illicite
s'étendit rapidement; la vente de ce poison
s'accrut vite dans une proportion considérable.
En 1839, les marchands britanniques inon-
dèrent plus que jamais d'opium les côtes du
Céleste-Empire; le gouvernement de Pékin prit
de nouvelles mesures contre eux et confisqua
en grande partie les cargaisons de leurs navires. L'Angleterre déclara la guerre à la Chine
et obtint l'ouverture des cinq grands ports.
Les Américains du Nord et les Français réussi-
sirent également à signer avec les Chinois, en
1844, des traités de commerce; mais les au-
torités de Canton ne cessèrent pendant dix ans
de mettre des entraves à l'exécution de ces

traités. Les Anglais canonnèrent, en 1856, les forts de cette ville : de là, l'irritation du vice-roi, nommé Yeh, et ses proclamations incendiaires contre les étrangers. Un ultimatum lui fut envoyé, le 10 décembre, par le baron Gros et lord Elgin, représentants de la France et de l'Angleterre, et l'on se prépara à l'attaque. Le 26 au soir, Canton était au pouvoir des alliés, ainsi que le vice-roi.

— Qu'est-ce donc qu'un ultimatum ? demanda Ludovic.

— C'est, répondit M. Letroadec, le dernier mot touchant une négociation pendante. Ce sont les conditions auxquelles on tient irrévocablement quant à la conclusion d'un traité. Lorsqu'un ultimatum est refusé, les négociations sont rompues, et il n'y a plus qu'à recourir aux armes. C'est ce qu'on fit, vous voyez, pour le vice-roi de Canton. »

Après avoir donné cette explication d'un ton capable, le vieillard alluma sa pipe et laissa son neveu continuer son récit.

« Peu de temps après, reprit le lieutenant de vaisseau, les représentants de la France, de l'Angleterre, de la Russie et de l'Amérique du Nord envoyèrent simultanément une communication à la cour de Pékin. Le premier ministre répondit que le nouveau vice-roi, Niang, était chargé de traiter avec eux. C'était une réponse évasive. Les flottes alliées s'avancèrent à l'embouchure du Pei-ho. Le 20 mai 1857, les forts qui commandaient l'entrée de la rivière furent enlevés. Un traité fut signé à Tien-Tsin, dans le courant d'octobre, entre les alliés et les commissaires chinois. Mais, quelques jours après, la cour de Pékin refusa d'échanger les ratifications. Les ministres de France et d'Angleterre résolurent de se porter avec toutes leurs forces dans le golfe de Pé-tché-li. Le 25 juin 1858, les forts furent attaqués avec vigueur; ce fut en vain. La mort décima les assaillants; et on douta un instant, au milieu de la vase et des marais, de triompher de la résistance de l'ennemi. Ce léger succès des Chinois devait amener de terribles représailles. Mais nous allons en rester-là aujourd'hui, si vous le voulez bien; j'aurais peur de fatiguer votre attention en poursuivant maintenant.

— Et puis, M. Frédéric, repartit un des enfants, vous avez besoin de vous reposer vous-même. Mais nous ne vous tenons pas quitte, et nous espérons bien qu'avant de rentrer au Conquet vous nous aurez raconté votre voyage de France à Hong-Kong ou à un autre port de ce pays.

— C'est convenu, dit le narrateur; lorsque nous aurons dîné sur le rocher de Molenè, que vous voyez là-bas, nous nous remettrons en mer, et, en revenant, je vous parlerai de la traversée que je fis sur le navire qui transportait le général de Montauban, commandant en chef de l'expédition, et son état-major. »

Quelques instants après, le bateau abordait à l'îlot de Molenè. M. Letroadec avait choisi ce point, de préférence à un autre, pour montrer aux jeunes Parisiens des types dont ils n'avaient pas l'idée. Après avoir installé leurs provisions auprès d'une cabane peu éloignée du rivage, ils se mirent à dîner. L'arrivée du bateau était un événement pour les habitants de la chaumière et leurs voisins : aussi, en peu de temps, se réunirent-ils en assez grand nombre autour des étrangers, regardant avec curiosité ce qu'ils mangeaient.

» Comme ils ont l'air malheureux ! » dit Ludovic; et à ces mots, il distribua sa part de pâté à trois petits garçons, qui ne firent qu'une bouchée de ce qu'il leur donna.

« Oui, répondit M. Letroadec, beaucoup plus malheureux encore que vous ne vous le figurez. Ces pauvres gens, ainsi que vous l'a dit, je crois, M. de Kordoret, condamnés à vivre sur une terre ingrate, brûlée par le soleil et les vents, peuvent à peine, en suppléant à l'agriculture par le commerce des algues et du goëmon, suffire aux besoins de leur famille. La plupart ignoreront toujours les merveilles et les richesses de la mère-patrie; ils ne connaîtront jamais d'autre horizon que celui des flots battant éternellement leurs rochers; et tel est le dénuement dans lequel ils se trouvent presque tous, que l'Etat est obligé de leur envoyer des biscuits....

» C'est ici surtout, ajouta M. Letroadec, que s'est conservé sans altération le caractère breton. Ce caractère, qu'a si bien peint notre compatriote Pitre Chevalier dans son livre de *la Bretagne ancienne et moderne*, se compose, comme on le dit, de cinq vertus et de trois vices. Vous voyez que le bien l'emporte presque de moitié. Nos paysans se distinguent par leur

amour du pays, leur résignation devant Dieu,
leur loyauté devant les hommes, et aussi par leur
constance et leur hospitalité. C'est le mal du pays
qui fait périr de douleur le conscrit et le matelot
loin de la terre natale avant que les balles
l'atteignent ou que les vagues l'engloutissent;
c'est lui qui épanouit son visage et lui arrache
des pleurs dès qu'un bruit, un mot lui rappelle
la chaumière où il veut mourir après ses aïeux.
Quant à la résignation devant Dieu, elle est toute
sa religion, et elle n'est pas moins connue que
leur loyauté devenue proverbiale. Leur ténacité
est également très remarquable. Elle suscita
Nominoë contre les rois francs, Alain Barbe-
Torte contre les envahisseurs du Nord, Anne
de Bretagne contre Louis XII; c'est elle qui fait
de nos soldats et de nos marins des hommes infa-
tigables, les derniers, dit encore Pitre Chevalier,
contre le fer de l'ennemi et contre les assauts de
la tempête. Je ne vous parlerai pas, mes enfants,
de leur hospitalité, chose pour eux très naturelle;
vous avez pu vous assurer déjà par vous-mêmes
qu'elle préside, dans cettte partie reculée de la
vieille Armorique, à mille usages empreints de la
charité la plus touchante. Ces vertus sont mal-

heureusement, je le répète, ternies par des défauts : l'ivrognerie, l'avarice et le peu de considération pour la femme. On se sent toutefois assez disposé à les excuser quand on apprécie ce qu'il y a de bon et de généreux chez ces braves gens. »

Le dîner fut bientôt achevé. M. Letroadec donna de bon cœur ce qui restait des provisions aux pauvres Bretons qui stationnaient autour du groupe; et, quelques instants après, le bateau s'éloignait de l'îlot.

CHAPITRE VII

Campagne de Chine. — Traversée de Toulon à Pékin. — Alerte à bord. — Passage de la ligne. — Le Cap.

Quand on se fut installé commodément pour la traversée, les deux enfants rappelèrent à M. Frédéric sa promesse ; il s'empressa de satisfaire à leur désir, et il reprit son récit à l'échec subi par les troupes alliées, au mois de juin 1858, devant les forts construits dans le golfe de Pé-tché-li.

« L'honneur de notre drapeau, dit-il, étant engagé, l'expédition de Chine fut décidée. En peu de temps, une vaillante petite armée, composée en partie de volontaires, fut prête à s'embarquer. Elle était placée sous le commandement du général de division Cousin-Montauban, officier d'une valeur éprouvée, qui ne pouvait manquer de conduire nos soldats à la victoire. Le commandant en chef avait sous ses ordres le général Jamin, officier distingué et instruit, possédant toutes les qualités nécessaires pour les fonctions de commandant en second, et le général Collineau, sorti de la pépinière d'Afrique, et qui s'était signalé d'une manière si brillante à l'assaut de Malakoff.

» Une partie de la flotte partit le 15 décembre et prit la route du Cap. La ville de Sang-Haï avait été choisie comme quartier général provisoire des troupes anglo-françaises; c'est là que devaient se rendre nos bâtiments. Mais le commandant en chef ne quitta Toulon que le 15 janvier; il prit la route de Suez avec son état-major, et arriva à Sang-Haï, le 10 mars 1860, trois mois avant le corps expéditionnaire.

» La frégate l'*Impératrice Eugénie*, sur laquelle j'étais embarqué, ne quitta Toulon que le 19 mai. Le voyage fut heureux pendant plusieurs jours; mais le 28, il arriva à bord un incident qui aurait pu avoir des suites fatales. Vers deux heures du matin, je fus réveillé par le bruit du tambour et le cri sinistre : « Tous les hommes au poste de combat ! » Un timonier, dont l'esprit était encore alourdi par le sommeil, me dit qu'une grande voie d'eau s'était déclarée, que toutes les pompes étaient déjà en mouvement, et que la frégate ne pouvait plus avancer. Nous devions être alors à cent soixante-dix lieues des îles du Cap-Vert, à soixante-dix ou quatre-vingts lieues de Ténérife, et par conséquent loin de tout secours.

» Je courus à l'entrée du bâtiment, et j'acquis bientôt la certitude que c'était une nouvelle fausse. Je descendis dans la batterie, et j'appris que nous étions menacés, non par l'eau, mais par le feu. La fermentation et le frottement avaient enflammé des rouleaux de coton dans le magasin du faux-pont ; le feu, se communiquant, était sur le point d'envahir le compartiment voisin, rempli d'étoupe et d'essence de térébenthine. Heureusement, l'air manquait en cet endroit, et, en peu de temps, nous fûmes maîtres de l'incendie. Une heure après, la panique avait cessé, et ceux qui n'étaient pas de service se retiraient.

» Le 7 juin, nous passâmes la ligne, et nous

recommençâmes cette fête si souvent célébrée, dont la conclusion est toujours la même : arroser son passage avec de l'argent. Les néophytes étaient assez nombreux à bord : la cérémonie se prolongea jusqu'à la nuit à la satisfaction générale. Le commandant, M. de Lapelin, invita les officiers à dîner, et l'équipage reçut une double ration. C'est vous dire que, toute la soirée, les matelots témoignèrent leur joie par des chants et des danses de circonstance.

» L'étiquette avait été mise de côté à la table même du commandant ; aussi le dîner, qui ne laissait rien à désirer sous le rapport des mets exquis et du choix des vins, fut-il des plus gais. Les éclats de rire se mêlaient au bruit de la musique, qui, pendant le repas, ne cessa de se faire entendre, et, après de nombreux toasts portés à l'empereur, à la famille impériale, au commandant de la frégate, aux Chinois eux-mêmes, nous allâmes applaudir nos braves matelots, qui, pour terminer la fête, donnèrent une grande représentation avec des intermèdes de chansons comiques....

» Nous étions au mois de juillet, et c'était la saison d'hiver. Cela vous paraît étrange, n'est-ce pas? Il en était cependant ainsi, et les cimes des monts que nous apercevions de notre bâtiment nous apparaissaient couverts de neige.

— Je n'en suis pas étonné, dit Ludovic ; sans être très fort en cosmographie, j'en sais assez pour comprendre que, dans l'hémisphère du Sud, le contraire de ce qui se passe dans le Nord doit avoir lieu pour les saisons : cela tient à la position de la terre par rapport au soleil.

— Très bien, repartit M. Frédéric ; je vois que vous pouvez vous rendre compte des tempêtes qui nous assaillirent à cette époque dans ces parages.

» Notre frégate mouilla, le dimanche 3 juillet, en rade de Simon's Bay. Comme elle devait y rester quelques jours, je profitai de ce temps d'arrêt pour aller voir au Cap de bons amis séparés de moi depuis plusieurs années.

» La ville du Cap est bâtie au pied de la montagne de la Table, dont la configuration est digne de remarque. Le sommet est terminé par un immense plateau d'une étendue de plusieurs kilomètres, dont les flancs, de cent mètres de hauteur environ, reposent à angle droit sur la base de la montagne inférieure. L'aspect de cette masse est des plus tristes : sur le sommet, une couche de neige ; sur les pentes, des bruyères étiolées, des arbres rabougris, qui se détachent sur le fond rougeâtre de la terre.

» Sans m'arrêter à vous parler de la rade, où le service est fait par des Malais, ni du climat qui est admirable, je vous conduirai tout de suite dans l'intérieur de la cité anglaise. Je fus frappé de la propreté des rues, de l'eau pure qui y coule, du luxe des magasins, aussi beaux que ceux de Paris et de Londres, et surtout d'un certain nombre d'élégantes voitures dans lesquelles étaient étendus des nababs de l'Inde, précédés d'esclaves noirs, aux jambes et aux bras nus cerclés d'or. C'est vraiment une ville charmante. La plupart des maisons n'ont qu'un rez-de-chaussée, parfois un étage, mais toutes rachètent le manque d'élévation par la superficie ; simples et propres à l'extérieur, elles renferment à l'intérieur tout ce que le luxe asiatique et le confort anglais ont pu inventer de merveilleux. La population, fort

mélangée, ainsi que je pus le voir, s'élève de
trente-six à quarante mille habitants ; les édifices
religieux sont très multipliés, à cause de la
diversité des cultes.

» Les environs du Cap ont un cachet particu-
lier : sur les collines, les endroits incultes sont
tapissés de hautes bruyères ; les parties cultivées
sont couvertes de vignes et d'arbres fruitiers dont
la plupart viennent d'Europe. Ces vignes four-
nissent le vin de Constance, épais et sucré ; celui
dit du Cap est fabriqué à plusieurs lieues plus loin,
et il n'est pas sans analogie avec le madère. Dans
les prairies immenses que bordent les ruisseaux,
paissent des chevaux, des mulets et des troupeaux
considérables de bœufs, dont on se sert pour
labourer la terre, porter les récoltes et traîner
les fardeaux. Ces bœufs, l'une des richesses du
pays, se distinguent par la longueur démesurée
de leurs cornes ; quelques-unes dépassent un
mètre. Les mulets, de la race zébrée, ont la
plupart des crinières tombantes qui leur donnent
un air sauvage ; ce sont d'excellentes bêtes, fortes
et courageuses.

» Le général Jamin fut reçu d'une manière
splendide par le gouverneur anglais et aussi par

le consul suédois; le bal qui lui fut donné par le consul coûta plus de quinze mille francs. Ceci s'explique par le prix élevé auquel tout se vend dans cette ville. Aussi nos appointements ne pouvaient guère s'accorder avec les dépenses que nous étions obligés de faire, et comme, du reste, le temps était affreux, nous désirions assez ne pas prolonger notre séjour sur la côte africaine. L'ordre du départ ne tarda pas à être donné, et nous nous dirigeâmes sur Hong-Kong. Nous aurions voulu rencontrer l'océan Indien et entrer dans les mers de Chine par le détroit de Malacca; par cette voie, nous aurions gagné quelques jours, mais dépensé plus de charbon. La question d'économie fut, en partie, la cause du changement d'itinéraire. Notre traversée s'effectua d'une manière heureuse; la santé du personnel ne laissait rien à désirer. Nous vîmes successivement arriver après nous les bâtiments de la flotte; le dernier entra dans ce port le 21 mai 1860. »

M. Frédéric s'arrêta à ces mots. Le bateau approchait du Conquet. Les deux ou trois matelots qui le montaient abattirent les voiles, et, un instant après, les enfants embrassaient Mᵐᵉ de Kerdoret. Inutile d'ajouter qu'ils ne se couchèrent pas sans se promettre de mettre de nouveau et le plus tôt possible à contribution la complaisance de l'excellent neveu de leur vieil ami.

CHAPITRE VIII

Expédition de Chine. — Canton. —
Mœurs chinoises. — Fabrique de porcelaines de King-te-tching. — Ruines de
l'abbaye Saint-Martin. — Le phare.

Quelques jours se passèrent avant que les
jeunes collégiens revissent M. Letroadec et
l'officier de marine. Ces messieurs avaient été
appelés à Brest pour leurs affaires, et ce ne
fut que dans la semaine qui suivit la partie de
mer qu'ils revinrent à la campagne. M. Frédéric n'attendit pas que les enfants vinssent le
prier de reprendre le récit qui avait pour eux
tant de charmes; il se présenta le lendemain
de son retour, après le déjeuner, chez Mᵐᵉ de
Kerdoret, et il obtint facilement que ses petits

amis l'accompagnassent dans une excursion au delà du phare Saint-Matthieu ; il devait se rendre à une ferme située à un kilomètre plus loin. Les deux cousins furent prêts en un moment, et l'on partit. Chemin faisant, l'officier reprit, sur les instances de ses petits amis, l'histoire de la campagne de Chine.

» Nous étions arrivés à Hong-Kong, dit-il, si vous vous le rappelez, au printemps de 1860. En attendant le moment de remonter vers Pékin, j'eus l'occasion de visiter plusieurs villes curieuses et d'étudier les mœurs des habitants. Je vous parlerai surtout de Canton, dont la population réunie dépasse un million d'âmes. Il y a la ville flottante et la ville européenne ; celle-ci est divisée en quatre sections. Pendant longtemps, les Européens ne pouvaient pénétrer, sans danger de mort, dans les autres quartiers. A l'époque où j'y fus, tout cela avait changé ; quand nous passions dans les rues, les Chinois nous regardaient, mais sans démonstrations de colère ou de vengeance ; ils commençaient à comprendre que nos relations commerciales devaient les rendre un jour plus riches et plus libres.

C'est dans la ville européenne que sont groupés tous les corps d'état. Deux des rues, pavées de dalles larges et propres, et couvertes de grandes bandes de calicot, afin d'abriter contre les ardeurs du soleil, ressemblent à des passages dont toutes les boutiques sont de vrais bazars. Leur aspect est des plus curieux quand, le soir, on voit allumer des lanternes aux mille couleurs, éclairant au loin des grandes lettres d'or qui ornent chaque façade. Physic-Street, ainsi que le dit un écrivain qui fit la campagne avec nous, M. Charles de Mutrécy, est la rue la plus fréquentée, la plus bruyante, la plus animée, la plus originale de Canton ; elle offre un tableau saisissant pour l'étranger nouvellement débarqué dans le Céleste-Empire. Située au centre du mouvement commercial, cette rue longue et étroite est envahie, depuis le lever jusqu'au coucher du soleil, par une foule compacte de marchands et d'acheteurs. Elle vous représente le peuple chinois dans ses habitudes, ses goûts et ses mœurs. Tous les marchands portent leurs marchandises, viandes, légumes, fruits, poissons, etc., dans de grandes corbeilles, ou des baquets remplis d'eau ; et ces corbeilles suspendues aux épaules sur une branche de rotin, ressemblent aux plateaux d'une balance.

Chaque marchand va et vient en poussant un cri spécial ; c'est à qui criera le plus fort dans l'espérance d'attirer un chaland. Ce concert bizarre de voix humaines est souvent dominé par les coolies qui portent des palanquins ou des fardeaux, et crient en courant : Lay! lay! La foule se range pour n'être pas heurtée, renversée, et les coolies continuent toujours leur course en criant : Lay! lay!

» Le faubourg du Sud, qui s'étend sur les bords du fleuve Tchou-Kiang, n'est pas moins intéressant à visiter. C'est un composé de vastes magasins qui s'avancent jusque dans le fleuve, ce qui permet aux jonques et aux bateaux de toute sorte de charger leurs marchandises à l'intérieur des magasins, comme cela a lieu dans les docks de Londres.

— M. Frédéric, interrompit Horace, est-ce que vous n'avez pas vu dans cette grande ville des fabriques de porcelaine ?

— Pas à Canton, répondit l'officier, mais à King-te-tching, l'un des quatre marchés intérieurs les plus importants du Céleste-Empire. Comme cet endroit est situé à peu de distance, je m'y rendis facilement, et voici à peu près tout ce que je puis vous en dire.

» King-te-tching est entouré de hautes montagnes d'où les habitants tirent les terres qui servent à la fabrication de la porcelaine la plus fine et la plus recherchée en Chine. La ville porte le nom de l'empereur Kintêh, qui, vers 960, y établit la première fabrique impériale, et cette fabrique fournit encore la vaisselle et les poteries d'art des palais du prince. Ses produits sont peu répandus dans le commerce, et les rares porcelaines qui en viennent se vendent à des prix très élevés.

» Je n'ai pas la prétention de vous apprendre, mes petits amis, continua M. Frédéric, que le secret de la fabrication des porcelaines fut importé en France, vers 1720, par le R. P. d'Entrecolles, qui a été, en 1712, chef de la mission catholique dans la province de Kiang-si. Depuis cette époque, notre fabrication, d'abord très imparfaite, a fait des progrès immenses, et aujourd'hui elle peut rivaliser comme finesse et comme dureté de pâte avec les plus beaux produits du Céleste-Empire. Quant au dessin, toutes les chinoiseries qui ornent les porcelaines de ce pays ne peuvent, je vous assure, soutenir la concurrence de l'art français.

» Cependant, il faut en convenir, les Chinois, grâce, croient-ils, à la puissance du dieu spécial qui préside à la fabrication de leurs porcelaines, et dont l'informe idole orne la salle de peinture de toutes leurs fabriques, ont un avantage que nous ne possédons pas. Le P. d'Entrecolles raconte la légende relative à l'origine du dieu; voici, autant que je me rappelle, ce qu'il dit à ce sujet :

» Chaque profession, en Chine, a son idole particulière; il n'est donc pas étonnant qu'il y ait un dieu de la porcelaine. On rapporte qu'autrefois un empereur voulut absolument qu'on lui fît des porcelaines sur un modèle qu'il donna. On lui représenta que la chose était impossible; mais toutes les remontrances ne servirent qu'à exciter de plus en plus son désir. Les empereurs de Chine sont, pendant leur vie, les divinités les plus redoutées du Céleste-Empire, et ils croient que rien ne doit s'opposer à leurs désirs. Les officiers chargés par le demi-dieu de surveiller et d'activer les travaux, usèrent de rigueur à l'égard des ouvriers. Ces malheureux dépensaient leur argent, se donnaient bien de la peine, et ne recevaient que des coups. L'un d'eux, dans un mouvement de désespoir, se lança dans la fournaise allumée et y fut consumé à l'instant. La porcelaine qui s'y cuisait en sortit, dit-on, parfaitement belle et au gré de l'empereur, lequel n'en demanda pas davantage. Depuis ce temps-là, cet infortuné passe pour un héros, et il devint dans la suite l'idole qui préside aux travaux de la porcelaine. »

Les deux enfants s'amusèrent beaucoup de cette histoire, et ils riaient encore de la crédulité des bons habitans de King-te-tching quand ils entrèrent dans la ferme où l'officier les conduisait. M. Frédéric eut bientôt terminé l'affaire qui l'amenait chez les braves campagnards. Une heure après, il était, avec ses jeunes amis, de retour au Conquet.

CHAPITRE IX

Campagne de Chine. — Opérations militaires. — Entrée dans Pékin. — Traité de paix.

Les deux cousins brûlaient de connaître les faits qui avaient signalé la campagne. Le lieutenant de vaisseau ne demandait pas mieux que de les leur raconter; aussi ne tarda-t-il pas à satisfaire le désir de ses jeunes amis. Un jour que la pluie s'opposait à toute espèce de promenade, il se rendit chez Mme de Kerdoret, et, après les politesses d'usage, il reprit ainsi son récit :

« Le général Montauban, commandant en chef de l'expédition, avait touché à Shang-Haï, le 10 mars 1860, et préparé tout pour recevoir les troupes. Le général anglais, sir Hope Grant, y arriva, le 6 avril, avec son état-major. L'ordre fut donné aussitôt, à l'infanterie de marine casernée à Canton, et aux régiments anglais venus des Indes à Hong-Kong, d'aller occuper les deux îles Kinctang et Chusan.

» La réponse à l'ultimatum envoyé à l'empereur de Chine fut transmise aux généraux le 9 avril ; elle repoussait toutes les demandes de réparations faites par les alliés. Il fut résolu, à la suite d'un conseil, qu'on localiserait la guerre dans le Pé-tché-li. Les Chinois travaillèrent à fortifier l'entrée du Pei-Ho.

— C'est la rivière qui conduit à Pékin, n'est-ce pas, M. Frédéric, interrompit Horace, et le Pé-tché-li, c'est le golfe où elle se jette ?

— Précisément, répondit l'officier ; et il est nécessaire que vous ne les perdiez pas de vue l'un et l'autre, pour bien suivre les mouvements des troupes expéditionnaires. Je continue.

» Le 28 juin, le baron Gros et lord Elgin, ambassadeurs de France et d'Angleterre, avaient rejoint les généraux à Shang-Haï. Ils annoncèrent aux habitants, par une proclamation, qu'ils devaient échanger à Pékin les ratifications du traité, et ils se disposèrent à partir pour le Nord. Le 1er juillet, toutes les troupes étaient dans le golfe de Pé-tché-li. Les Chinois, décidés à disputer énergiquement l'entrée du fleuve, poursuivaient avec activité leurs préparatifs de défense.

» La barre de l'embouchure du Pei-Ho a environ un mètre de large ; elle est couverte par dix ou douze pieds d'eau à la marée haute, et par deux seulement à la marée basse, ce qui rend très difficile la navigation des embarcations légères. De chaque côté des forts de Tàkou, étaient des batteries rasantes, chargées de canons plus ou moins dissimulés par des sacs de terre. Des jonques de guerre, aux voiles bariolées, croisaient sur les côtes pour empêcher toute tentative de débarquement ; mais il ne paraissait pas douteux que, quand le moment serait venu, elles seraient incapables d'opposer une résistance sérieuse. Le plus grand obstacle serait le rivage, qui, extrêmement bas, se perd dans une vase liquide.

» Une reconnaissance fut opérée le 3 et le 14, et il fut arrêté que les deux corps d'armée se

réuniraient au Pétang : les Français comptaient
7,650 hommes, les Anglais 12,300 environ.
L'armée française débarqua dans les premiers
jours d'août. Les soldats, pour atteindre le
rivage, avaient de l'eau jusqu'à la poitrine ; les
généraux marchaient à leur tête. Le 8, hommes,
vivres, munitions, tout était à terre ; nous
occupions la ville. Trois jours après, le camp
retranché des Chinois était emporté, et la route
de Pékin ouverte.

» La fête de l'empereur fut célébrée le 15.
Le matin, à six heures, le canon français, auquel l'artillerie anglaise répondit immédiatement,
l'annonça au loin. On avait élevé au milieu du
camp un autel orné de feuillage. A neuf heures,
toutes les troupes, formées en carré, les officiers
au centre, assistèrent à la célébration de l'office
divin, pendant lequel se firent entendre alterna-
tivement des chœurs admirablement organisés et
les musiques des divers régiments. Les Anglais,
qui professent leur culte avec une régularité
extrême, furent frappés du recueillement de nos
soldats. C'était, vous l'avouerez, un spectacle
émouvant de voir notre corps expéditionnaire, encore accablé des fatigues de la veille et noirci de

pondre, réuni autour d'un autel en plein air pour remercier Dieu du succès de nos armes et prier pour la conservation des jours de l'empereur.

— Oh! oui, c'était bien beau, s'écria Ludovic; et nos régiments devaient avoir beaucoup plus de courage encore après avoir prié ainsi pour la France et son souverain.

— Vous ne vous trompez pas, mon petit ami, repartit l'officier; on ne fait jamais mieux son devoir que quand on a présents à la pensée Dieu et la patrie. Nos soldats ne tardèrent pas à prouver de nouveau que l'empereur avait le droit de compter sur leur vaillance. Le 21, cinq forts furent enlevés, avec 500 bouches à feu, des munitions de guerre et des armes de toute sorte; l'embouchure du Pei-Ho, sur les deux rives, était aux Français. Cet événement eut un premier résultat. Les ambassadeurs, les généraux et les amiraux ouvrirent, le 26, à Tien-tsin, une conférence avec le vice-roi et les envoyés chinois. On tomba d'accord sur presque tous les points; mais, au dernier moment, les ambassadeurs chinois prétendirent qu'ils n'avaient pas de pleins pouvoirs pour signer.

» Les troupes alliées se portèrent à Toung-tcheou, non loin de Pékin. Les Français battirent, le 8, dans les environs, une armée considérable de Tartares. Mais les habitants refusèrent de leur fournir des vivres, et la ville fut livrée au pillage. Les ambassadeurs chinois vinrent renouveler au quartier général leurs propositions de paix; il fut impossible de les accepter: on ne pouvait traiter en l'absence des plénipotentiaires. Le baron Gros et lord Elgin arrivèrent le lendemain.

» Le 20, on apprit que l'armée tartare, concentrée sur la route de Pékin, avait l'intention d'attaquer Toung-tcheou; on ne lui en laissa pas le temps. Le 21, à quatre heures du matin, les troupes se mirent en marche; elles rencontrèrent l'ennemi à quelque distance du village de Pa-li-kao. On se battit depuis sept heures du matin jusqu'à midi. Ce fut une brillante affaire, où les généraux Jamin et Collineau se distinguèrent particulièrement. Le soir, on campait à huit milles de Pékin.

» Les envoyés chinois demandèrent de nouveau à renouer les négociations; le baron Gros et lord Elgin exigèrent qu'on rendît préalablement les prisonniers. Sur leur refus, les alliés résolurent d'attaquer Pékin; ils partirent le 6 octobre. L'armée tartare, au lieu de les attendre, s'était dirigée vers le palais d'été de l'empereur. Ils se portèrent de ce côté et arrivèrent au palais le 7; les Tartares l'avaient évacué. Une commission fut chargée de faire le partage des monnaies d'or et d'argent, ainsi que des objets de curiosité les plus précieux. La paie de prise de chaque soldat fut évaluée à quatre-vingt francs environ. Les Anglais mirent le feu aux édifices sans l'assentiment des Français.

» Le 9 octobre, les alliés étaient sous les murs de Pékin. Les Chinois consentirent alors à rendre les prisonniers : plusieurs avaient été massacrés, d'autres étaient morts de faim. Cette nouvelle excita l'indignation des soldats; ils étaient impatients de venger leurs frères d'armes. Le 15, le général Montauban signifia au gouvernement que si les portes de la ville n'étaient pas livrées le jour même, le bombardement allait commencer. Quelques heures après ce message, les drapeaux français et anglais flottaient sur la porte du Nord.

— Bravo! s'écria Ludovic en battant des mains. J'aurais voulu avoir votre âge, M. Frédéric, et planter moi-même le drapeau. Quel beau jour pour nos soldats! N'est-ce pas, ma bonne mère, que j'entrerai à Saint-Cyr et que je serai officier.

— Nous n'en sommes pas arrivés là, répondit en souriant Mme de Kerdoret. En attendant, continue de bien travailler, afin d'être, dans l'armée ou dans une autre carrière, un homme utile et un homme de bien. »

L'enseigne de vaisseau reprit :

« Une cérémonie touchante eut lieu le 17; on inhuma les prisonniers anglais qui avaient succombé; les ambassadeurs et les généraux conduisaient le deuil. Le traité anglais fut signé le 24, et le traité français, le lendemain. Puis le corps expéditionnaire fut autorisé à visiter la ville.

» Le 28, les Français rendaient à leur tour les derniers devoirs aux infortunés dont les corps avaient été livrés. A une heure de l'après-midi, une foule considérable, dans laquelle on remarquait les officiers des deux corps d'armée et les ambassades française, anglaise et russe, au complet, remplissait l'église catholique, ouverte de nouveau aux chrétiens depuis la signature du traité de paix. Chacun des cercueils était placé sur un charlot d'artillerie, et recouvert d'un drap de velours noir, sur lequel se détachait une croix blanche; ils avaient été construits à Pékin par les soins du gouvernement. Le cortège qui suivait le deuil était conduit par M. l'abbé Trégaro, aumônier en chef de l'armée, assisté de plusieurs autres prêtres, de Mgr Mouly, évêque de Pékin, et de vingt-quatre catéchistes en costume de chœur.

» Après l'office funèbre, on se dirigea vers le cimetière, situé à l'extrémité d'un des faubourgs de la ville. La marche était ouverte par plusieurs compagnies des différents corps de l'armée; une double haie de soldats, s'avançant l'arme renversée, échelonnait le cortège. Le général Montauban, son état-major, de nombreux officiers de toutes armes, en uniforme et avec l'écharpe de deuil; les généraux Jamin et Collineau, à la tête de leurs brigades, et beaucoup d'officiers anglais, suivaient à cheval. Les ambassadeurs de France, d'Angleterre et de Russie, avec les attachés des diverses légations, faisaient aussi partie du cortège. Pendant le trajet, qui dura plus de deux heures, les prêtres récitèrent des prières, les tambours firent entendre des roulements

lugubres, et, par intervalles, les musiques des
régiments exécutaient de nombreux morceaux.
Arrivés au cimetière, les corps furent reçus et
bénits par Mgr Mouly, entouré de tous les membres
du clergé catholique.

» Le cimetière, enclos de murs, est dans un
parfait état de conservation, dû sans doute au
respect profond des Chinois pour les morts et à
la pieuse protection de la mission russe à Pékin.
Il a la forme d'un parallélogramme et est partagé au milieu par une allée plantée d'arbres verts
qui en bordent les côtés. On y voit une centaine
de tombes disposées sur trois rangs : toutes les
pierres tumulaires, taillées sur un modèle uniforme, sont simples mais dignes. La première,
avec la date de 1610, est celle d'un missionnaire
portugais qui, pendant quelques années, eut
une véritable influence à la cour des empereurs
de Chine; la dernière, qui porte la date de 1825,
est celle du R. P. Perboyre, missionnaire
martyr.

» Un modeste autel s'élève à l'extrémité de
l'allée, surmonté d'une croix en marbre blanc.
C'était en face de cette croix qu'on avait creusé
les fosses de nos frères d'armes. Des voix élo-

quentes firent l'oraison funèbre des victimes du 15 septembre. M. Trégaro parla de la cause juste et sainte pour laquelle les soldats de la France étaient venus sur cette terre lointaine, résolus à défendre les intérêts de la civilisation chrétienne et à venger les outrages qu'avait reçus la religion. Le colonel de Bentzmann prit ensuite la parole, et rendit un juste hommage aux vertus gerrières et civiles de nos malheureux compagnons. Puis le général en chef, après avoir flétri la conduite du gouvernement chinois, adressa un dernier adieu aux infortunés tombés sous les coups de la barbarie.

» Le 29, l'armée assista à l'ouverture et à la consécration de l'église catholique de Pékin, bâtie en 1637 et fermée au culte depuis trente-sept ans. Après la messe des morts, durant laquelle les musiques militaires exécutèrent des morceaux funèbres, Mgr Mouly prononça un discours en rapport avec la circonstance. Le digne prélat était vivement ému de retrouver son temple ouvert par nos armes ; de grosses larmes coulaient de ses yeux. Il remercia généreusement l'empereur de l'appui qu'il prêtait à la religion ; puis il exprima toute sa reconnaisance

aux généraux qui avaient conduit nos troupes à
Pékin ; à l'ambassadeur qui, dans le traité,
avait stipulé la cession à la France de l'église
et du cimetière où désormais reposent en terre
française nos compatriotes ; enfin à nos vaillants
soldats qui, après s'être illustrés par la victoire,
avaient déposé le mousquet pour déblayer les
immondices dont le temple du Seigneur était
encombré.

» Après ce discours, Mgr Mouly entonna le
Te Deum, pour célébrer la réouverture de l'église ;
ensuite un *Domine, salvum fac imperatorem
nostrum Napoleonem*, pour appeler sur l'empereur les bénédictions du Ciel. Ce furent nos soldats
qui chantèrent les hymnes de la journée, et nous
oubliâmes tous un moment qu'une distance de six
mille lieues nous séparait de la patrie.

» L'œuvre était accomplie, comme le dit M. de
Métrecy ; ceux qui étaient morts en l'exécutant
avaient reçu les honneurs suprêmes : la croix
relevée attestait à ces peuples vaincus la puissance de la France. L'armée dès lors pouvait
se retirer.

» Le corps expéditionnaire quitta Pékin le
1er novembre, et arriva le 6 à Tien-tsin. La bri-

gado Jamin se rendit à Shang-Haï; la brigade
Collineau resta à Tien-tsin.

» Les traités et la convention, ratifiés par l'empereur, ne tardèrent pas à être affichés dans les
principales rues de Pékin. Le baron Gros et lord
Elgin purent alors s'éloigner eux-mêmes de la
capitale. Le 13, la Russie échangea, de son côté,
les ratifications d'un traité additionnel, qui fixa
d'une manière précise les limites des deux pays.
Le 22 décembre, le général Montauban était de
retour à Shang-Haï, après avoir visité plusieurs
villes du Japon.

» Les affaires étaient terminées dans le Nord;
il devenait urgent d'agir dans l'empire d'Annam.
Un corps de dix-huit cents hommes fut mis par
le général Montauban à la disposition du vice-
amiral Charner. Il fallait à tout prix achever ce
qui avait été si heureusement commencé par le
contre-amiral Rigault de Genouilly, et exécuter
les projets grandioses de Louis XIV, de Louis XVI
et de Louis-Philippe. Nos soldats obtinrent des
triomphes qui eurent des résultats sérieux; et
nous possédons aujourd'hui dans cette empire un
établissement important.

» Le 6 février 1861, une nouvelle douloureuse

vint attrister la garnison de Shang-Haï. On apprit
que le général Collineau était mort à Tien-tsin
des suites d'une paralysie violente qui des jambes
avait gagné le corps avec une effroyable rapidité.
L'armée le pleura comme l'un de ses officiers les
plus braves.

» Telle fut, dit en terminant M. Frédéric, cette
campagne de Chine, où nos soldats et nos marins
rivalisèrent de courage, et par laquelle le gouvernement de l'empereur atteignit le but qu'il se
proposait. Notre drapeau flotte aujourd'hui dans
le Céleste-Empire comme dans la Cochinchine,
protégeant efficacement nos nationaux et notre
commerce, et l'influence française s'étend de jour
en jour dans ces contrées lointaines où nos navires
craignaient auparavant d'aborder.

— Je vous remercie, Monsieur, répondit
Mᵐᵉ de Kerdoret, de la complaisance avec laquelle
vous avez bien voulu si souvent causer avec mon
fils et mon neveu. Vos récits sont pleins d'intérêt,
et ils auront été pour eux des leçons utiles.
M. de Kerdoret sera charmé de retrouver ses deux
enfants aussi instruits en arrivant à Paris, et il
s'empressera, je vous assure, de vous en expri-
mer sa reconnaissance.

— J'espère, Madame, répondit l'officier, que j'aurai le plaisir de continuer quelque temps encore à mes petits amis ce que vous avez l'indulgence d'appeler des leçons. Un marin a beaucoup vu, et il lui est on ne peut plus agréable de faire part de ses impressions à un auditoire comme celui que je rencontre ici. »

Mᵐᵉ de Kerdoret sourit ; puis, tirant une lettre de son secrétaire, elle dit à M. Frédéric :

« Il faut que nous partions après demain ; mon mari m'appelle à Paris pour une affaire urgente. Je sais combien mes enfants sont heureux ici, grâce surtout aux bontés que vous avez pour eux, ainsi que M. Letroadec, mais tout retard est désormais impossible. »

Horace et Ludovic n'apprirent pas cette nouvelle sans regret ; les larmes leur vinrent aux yeux, à la pensée de quitter si vite les bords de la mer, leurs amis l'officier et son oncle, et cédant à un mouvement spontané, ils se jetèrent dans les bras du lieutenant de vaisseau. M. Frédéric les embrassa cordialement ; puis il les consola un peu, en leur disant qu'il allait être, pendant plusieurs années, attaché au port de Brest, et qu'ils le retrouveraient au Conquet, dans deux ans, s'ils venaient de nouveau y passer les vacances, ainsi que leur mère en avait le projet.

Le lendemain, Mme de Kerdoret et les enfants allèrent prendre congé de M. Letroadec et de son neveu ; le soir même, ils partirent pour Brest, et se dirigèrent sur Paris.

FIN

TABLE

— Lille. Typ. J. Lefort. 1864. —

www.ingramcontent.com/pod-product-compliance
Lightning Source LLC
Chambersburg PA
CBHW051730090426
42738CB00010B/2183